단기선교 매뉴얼 7.0

송재흥 지음

단기선교 매뉴얼

7.0 Manual

성경적 단기선교의 길잡이

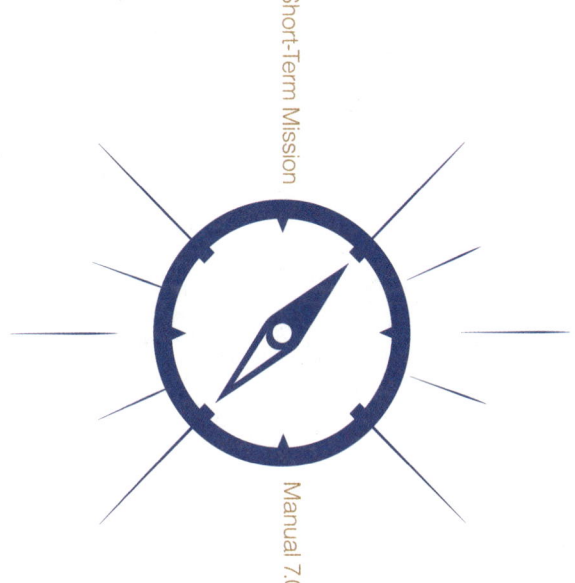

Short-Term Mission

Manual 7.0

사랑마루
SARANGMARU

Short-Term Mission Manual 7.0

단기선교가 어떻게 우리의 삶을 깊이 변화시키고,
교회가 그 사역에 어떻게 참여할 수 있는지에 대한
구체적인 방향을 제시합니다.

추천의 글

　모든 민족을 제자로 삼는 일은 우리 그리스도인에게 항상 거룩한 부담감입니다. 이 부담감을 해소하고자 우리는 지역 전도를 하며 때로는 먼 나라, 우리가 잘 알지도 못하고 생각하지도 못했던 나라로 해외 선교를 나가기도 합니다. 지난 수십 년간 아무도 발을 들여놓지 않은 나라를 가슴에 품고 찾아가 언어를 배우며 문화를 체득하고 그들에게 그리스도의 복음을 전하기까지 참으로 많은 어려움을 극복하며 복음을 전한 선교사들이 있습니다. 이들의 열정이 선교 140여 년을 맞이하는 우리나라를 미국에 이어 세계 최대의 선교사 배출 국가가 되게 하였습니다.

교회가 성장하며 자연스레 교회의 본질인 선교에 눈을 돌리게 되는데, 선교사를 파송하며 그들을 위해 기도하는 소극적인 사업에서 직접 선교지를 방문하여 우리가 파송한 선교사의 사역을 공유하는 일로 이어지게 됩니다. 이러한 때 가장 먼저 생각하게 되는 것이 바로 '단기선교'입니다.

해외선교위원회와 오랜 인연을 맺으며 우리 교회 또한 단기선교를 계속해 왔습니다. 교회가 파송한 선교사를 찾아가 사역을 돌아보고, 격려하며 함께 동역한다는 의미를 담아 매년 교인들이 자신의 시간과 물질을 들여 전 세계를 찾아다니고 있습니다.

그런데 목회자로서 매년 반복하는 이 단기선교에 가장 아쉬운 점은 교회와 선교 현장을 든든하게 이어줄 도구가 부족하다는 점입니다. 단기선교가 일회성 행사에 그치지 않고 참여하는 이들의 인생을 바꾸는 계기가 되고, 선교사에게도 든든한 버팀목이 될 수 있는 보다 체계적이고 안정적인 무엇인가가 필요한데 그것을 찾는 일이 쉽지만은 않았습니다.

그런데 이제 오랫동안 교단파송 선교사로 튀르키예와 영국에서 현장을 경험하고, 뉴질랜드에서 선교사를 훈련하다 성결교회의 선교국장으로 헌신하여 온 송재홍 목사님이 『단기선교매뉴얼 7.0』을 집필하였다는 소식을 듣고 너무나도 기뻤습니다. 이 매뉴얼은 목사로, 선교사로, 행정가로 두루 활동한 송재홍 목사님이 지난 35년간의 경험하고 고민하고 준비한 모든 것을 집대성한 책입니다. 무엇보다 '단기선교를 어떻게 할 것인가'를 고민하기에 앞서 '왜 단기선교를 하는가'에 먼저 집중하게 만든 것은, 그간 우리 교회의 단기선교 사역을 돌아보게 만듭니다. 총 12장의 내용 중 7장에 걸쳐 이론을 기술하고, 8장에 이르러서야 단기선교의 준비를 이야기하고 있습니다. 그마저도 10장부터는 다시 단기선교 이후에 어떻게 할 것인가에 대한 논의를 적고 있어 이 매뉴얼은 '단기 선교를 어떻게 할 것인가'에 대한 매뉴얼이 아니라, '단기선교라는 도구로 어떻게 제자를 만들어낼 것인가'에 집중하고 있는 책입니다.

선교 혹은 전도는 그리스도인의 본질입니다. 이 본질에 다다르는 특별한 방법의 하나로 선택하는 '단기선교'가 어느 여름 즐거운 추억을 쌓기 위한 여행이 아니라 하나님께서 부르신 사명을 완수하기 위해 조심스레 디디는 인생의 디딤돌 중 하나가 되기를 원한다면 송재홍 목사님의 이 책, 『단기선교 매뉴얼 7.0』을 추천합니다. 담임목회자와 선교담당 교역자가 이 책을 꼭 옆에 두고 수시로 찾아본다면 우리가 하는 '단기선교'가 교회와 성도를 변화시키는 귀한 사역으로 거듭나게 될 것이라 확신합니다.

기독교대한성결교회 인후동교회 류승동 담임목사
교단 제118년차 총회장, 전 기성해선위원장

추천의 글

　이것은 비밀이 아닙니다. 오늘날 세계 교회는 단기선교에 막대한 재정, 시간, 에너지를 투자하고 있습니다. 단기선교사들은 보통 1~2주간의 일정으로 전 세계를 누비며 그리스도의 선교 사역에 동참하고 있습니다. 그렇다면 이러한 모든 노력이 축복이 되기 위해서는 어떤 이해가 필요할까요? 이 귀중한 투자가 최대한 유익하고 효과적이 되려면 어떤 실제적인 고려사항들이 반드시 철저하게 실행되어야 할까요?

단기선교가 단지 참여자들의 '체험'을 중심으로 한 선교 관광으로 전락하지 않게 하려면 어떻게 해야 할까요? 단기선교사들이 그저 짧은 참여에 그치지 않고, 그리스도와 그의 선교, 그리고 그의 교회에 대한 장기적 헌신으로 나아가기 위해서는 어떤 전환이 필요할까요? 이 모든 사역이 훈련자, 참여자, 보내는 자, 그리고 받는 자 모두에게 최대한의 열매를 맺기 위해서는 무엇이 필요할까요?

이와 같은 수많은 중요한 질문들에 대해 송박사는 그의 신간 『단기선교 매뉴얼 7.0』에서 깊이 있고 통찰력 있게 응답하고 있습니다. 송 박사는 장기 선교사로서, 그리고 선교사 훈련가로서 풍부한 경험을 가진 인물입니다. 그는 기독교대한성결교회의 선교국을 이끌며, 600명이 넘는 장기 선교사들을 섬겨왔습니다. 그의 목소리는 이제 세계 선교의 현장에서 존경받고 인정받는 권위 있는 조언으로 자리잡고 있습니다. 그는 단지 이론이 아닌, 실제를 아는 사람입니다.

한편으로는 '편도 티켓' 선교가 있습니다. 이는 신뢰의 관계를 형성하고 언어와 문화를 습득하며 수년에 걸쳐 현지에 뿌리

내리는 성육신적(Incarnational) 선교입니다. 다른 한편으로는 '왕복 티켓' 선교가 있습니다. 대개 일주일에서 이주일간의 단기 참여를 말합니다. 송 박사는 30년이 넘는 세계 선교 사역의 여정을 통해 이 두 가지 방식이 모두 그리스도의 선교를 이루는 데 기여할 수 있다는 열정을 가지고 있습니다.

이를 위해서는 강력한 신학적 토대, 경건한 지혜, 예수님과 사람들에 대한 깊은 사랑, 겸손함, 그리고 성령의 능력이 반드시 필요합니다. 송 박사는 이러한 요소들을 조화롭게 엮어내며, 이 책을 단기선교 참여자뿐 아니라 훈련자, 파송자, 현지 수용자 모두에게 꼭 읽어야 할 필독서로 만듭니다.

많은 이들이 단기선교를 '산 정상의 체험'으로 묘사합니다. 산 위에서는 모든 것이 좋아 보입니다. 그러나 본국으로 돌아오면 대부분의 단기선교사들은 그 산정의 벅찬 감정을 뒤로하고, 일상의 평지로 내려갑니다. 어떤 이들은 심지어 깊은 골짜기로까지 떨어지기도 합니다.

그렇다면 단기선교를 마치고 본국의 일상으로 복귀한 이후에도, 그 체험이 그들의 삶의 이야기 속에서 어떤 영향을 미칠 수 있을까요? 다시 말해, 단기선교 이전과 이후를 비교했을 때 무엇이 달라져 있을까요? 그들은 세상과 하나님의 선교를 어떻게 다르게 보게 될까요? 그들은 단기선교 후 3개월에서 12개월의 기간 동안 어떻게 하나님의 선교에 더 깊이 참여할 수 있을까요?

송 박사는 이러한 전략적인 질문들에 대해 통찰력 있게 응답해 줍니다.

목회자와 교회 선교 리더들이 단기선교 참여자를 모집하고 파송할 때, 이 책에 담긴 원칙들은 매우 유익하고 생산적으로 적용될 수 있습니다. 단기선교사들은 선교 떠나기 전 이 매뉴얼을 정독하고, 사역 중에도 그 내용을 참조하는 것을 강력히 권장합니다. 이 책은 현지 수용자들에게도, 단기선교사들을 더 잘 이해하고 그들의 사역을 극대화할 수 있도록 돕는 지침이 됩니다. 선교학자들과 선교사 훈련가들에게는, 이 매뉴얼을 사역 커리큘럼에 포함시키는 것이 큰 도움이 될 것입니다.

왜일까요? 『단기선교 매뉴얼 7.0』은 단기선교에 참여하는 모든 이들을 위한 사역의 수준과 효과를 비약적으로 향상시켜 줄 수 있기 때문입니다!

**Dr.Bob Fetherin Billion Global 국제대표,
전 OMS선교회 국제총재**

추천의 글

오늘날 교회는 더 이상 선교를 선택의 문제로 간주할 수 없습니다. 그것은 교회의 본질이며, 존재 이유 그 자체입니다. 이러한 시대적 흐름 속에서, 단기선교에 대한 신학적 재조명과 실천적 지침을 아우르는 『단기선교 매뉴얼 7.0』의 출간은 참으로 시의적절하며 반가운 일입니다. 무엇보다 이 책은 단순한 선교 경험담이나 현장 매뉴얼을 넘어, 단기선교를 '하나님의 선교(Missio Dei)'의 흐름 속에서 통합적으로 이해하고 적용할 수 있도록 돕는 귀중한 자료입니다.

저자는 35년 이상 세계 여러 문화권에서 선교사로 헌신하며, 복음의 능력이 시간과 국경, 언어와 문화를 초월한다는 진리를 삶으로 살아낸 실천적 선교사 입니다. 그리고 지난 10여년간 교단선교 실무를 책임지는 행정가로서의 경험은 이 책의 실천성을 더욱 강조하여 줍니다. 그가 이 책을 통해 전하는 메시지는 단기선교의 유효성과 필요성에 대한 단순한 변증을 넘어서, 그것이 어떻게 장기적인 복음 사역의 씨앗이 되고, 하나님 나라의 확장을 위한 통로가 될 수 있는지를 성찰적으로 보여줍니다.

특히 이 책은 단기선교를 단순한 체험이나 봉사의 차원에서 벗어나, '하나님과의 동역'이라는 신학적 틀 안에서 조명합니다. 문화 간 커뮤니케이션의 중요성, 수신자 중심의 선교 감수성, 그리고 선교 후 사후관리의 중요성에 이르기까지, 단기선교에 관한 전 과정을 성경적이고 신학적으로 치밀하게 해석하고 안내합니다. 이로써 독자들은 단기선교를 그저 '갔다 오는 일'이 아닌 '머무름과 변화를 위한 여정'으로 이해하게 됩니다.

단기선교에 대해 회의적이거나, 혹은 막연한 열정만으로 접근하고자 하는 이들에게 이 책은 균형 있는 신학적 관점과 실제적 지혜를 동시에 제공합니다. 또한 교회의 목회자와 선교 리더, 신학생, 단기선교를 준비하는 청년들뿐 아니라 선교지에서 단기팀을 맞이하는 모든 이들에게 실질적인 통찰을 제공할 것입니다.

서울신학대학교는 복음주의 신학과 성결한 삶을 기반으로 한국 교회의 미래를 섬기며, 동시에 세계선교의 지평을 열어가는 책임을 지닌 기관입니다. 그러한 의미에서 이 책은 단지 단기선교를 위한 안내서가 아니라, 한국 교회가 다음 세대를 준비하는 지혜의 등불이며, 신학생들에게는 선교적 정체성을 형성하는 소중한 신학적 유산이 될 것입니다.

이 책을 기쁨으로 추천하며, 독자 모두가 이 책을 통해 단기선교의 깊은 신학적 의미를 발견하고, 더 나아가 자신의 삶 전체를 복음의 증인으로 드리는 결단으로 이어지기를 기도합니다.

서울신학대학교 총장 황덕형 (Ph.D)

추천의 글

　오늘은 장기 선교사의 수가 줄고, 젊은 세대의 선교 헌신도 점점 약해지고 있는 시대입니다. 그럼에도 불구하고 젊은이들이 여전히 선교지로 향하는 것을 주저하지 않는 이유 중 하나는 교회가 단기선교팀을 꾸려 지속적으로 선교 현장에 보내고 있기 때문입니다. 이러한 시대적 흐름 속에서 송재홍 선교사의 『단기선교 매뉴얼 7.0』은 단기선교를 준비하는 모든 교회와 팀원들에게 새로운 시각과 방향을 제시하는 귀한 안내서입니다.
　이 책은 단기선교를 "어떻게 할 것인가"보다 "왜 가야 하는가"에 대한 근본적인 질문을 던지며, 단기선교가 단순히 선교 현장을 돕는 차원이 아니라, 참가자 개인의 그리스도인적 성품을 훈련하고, 하나님의 뜻을 깊이 성찰하는 여정이 되어야 함을 강조합니다. 즉, 선교지에서 무엇을 이루는 것보다, 그 여정 속에서 '참된 그리스도인'이 되어가는 것이 더 중요하다는 메시지를 전하고 있습니다.

책 제목이 암시하듯, 이 매뉴얼은 선교에 대한 열정만을 불러일으키는 것이 아니라, 진정한 신앙 공동체로의 성숙을 위한 '과정'으로 단기선교를 바라보게 합니다. 저자는 단기 선교팀이 '산모'가 아닌 '산파'로서, 복음을 수확하는 이가 아닌 씨앗을 뿌리는 이로서의 정체성을 가지도록 도전합니다. 이는 단기선교의 의미를 깊이 있게 새기도록 도우며, 팀이 현장 중심의 사역을 할 수 있도록 실제적이고도 탁월한 가이드를 제공합니다.

특히 몇 장의 내용을 꼭 소개하고 싶습니다. 4장 '단기선교의 위험과 한계'에서는 문화적 제국주의의 문제, 현지 교회의 의존성 유발 방지, 준비되지 않은 열정의 위험성, 선교 사역 후 이어지는 관광 여행의 경계 등 매우 실제적이고 구체적인 지침을 제시합니다.

또한 12장 '효율적 단기선교의 실제와 원칙'에서는 기존 단기선교 가이드에서 보기 어려운, 그러나 반드시 짚고 넘어가야 할 핵심들을 다룹니다. 예컨대, 선교 현장의 리더십이 파송 교회가 아닌 현지 교회에 있어야 한다는 점, 선교사와의 협의 없는 감정적 약속의 위험, 현지 문화를 바꾸려 하지 말고 존중하며 수용해야 한다는 교훈, 단기선교를 '여행'처럼 여기지 말고 한 지역에 지속적으로 헌신해야 한다는 원칙 등은 한국 교회가 단기선교를 보다 성숙하게 감당하기 위한 필수 요소들입니다.

II부에는 저자가 선교지를 방문하며 틈틈이 기록한 에세이가 담겨 있어, 독자들로 하여금 깊은 공감과 묵상을 이끌어냅니다.

이 책은 단기선교를 보내는 담임목사님께서 반드시 읽어야 할 책이며, 단기선교를 준비하는 모든 팀원들이 사전에 공부해야 할 필독서입니다. 이 책을 통해 한국 교회의 단기선교가 현장 중심의 성숙한 사역으로 변화되기를 간절히 소망합니다.

강대흥 선교사, KWMA 사무총장

추천의 글

　선교는 하나님의 지상명령입니다.(마28:19-20) 이 지상명령을 따라 사는 것이 성도의 바른 삶이요 교회의 바른 사명일 것입니다. 이 사명을 수행하는 것 중의 하나가 단기선교입니다.
　그런데 단기선교를 준비하다 보면 우리가 무엇을 해야 할 것인가에 초점을 맞추고 준비하는 경향이 있는데 선교는 내가 무엇을 할 것인가 보다 보내시는 분이 그 땅에서 무엇을 원하시는가를 묻고 답하면서 준비해야 할 것입니다. 그런 면에서 이 책은 좋은 지침서가 될 것입니다. 이 책을 통하여 단기선교가 하나님과 함께, 하나님을 기쁘시게 하므로 '선교는 매력의 감염이다.' 라는 말처럼 단기선교가 바르게 시작되고 선교지망생들이 많아짐으로써 다시 한번 더 한국교회에서 '선교 한국'이 회복되기를 기대합니다.

기독교대한성결교회 서산교회 김형배 담임목사
교단 해외선교위원장

추천의 글

저자 송재홍 박사는 선교 분야에 대해 글을 쓰기에 탁월한 자격과 깊은 경험을 지닌 분입니다. 오랜 세월 동안의 문화 간 선교 사역에서 비롯된 실제적인 지혜와 통찰이 이 책 전반에 잘 녹아 있습니다. 『단기선교 매뉴얼 7.0』은 단기선교를 준비하고 실행하는 데 필요한 전략뿐 아니라, 선교 전체를 아우르는 신학적 기초 위에 세워진 균형 잡힌 시각을 제시합니다. 단기선교에 참여하고자 하는 성도들뿐 아니라, 교회 안에서 건강하고 지속 가능한 선교 문화를 세우고자 하는 모든 이들에게 강력히 추천드립니다."

Rev. Dr. Paul Shuster OMS 선교회
태평양 & 극동아시아 지역 책임자

추천의 글

　본서는 지난 35년간 줄곧 선교의 외길을 걸어온 송재홍 박사의 오랜 연구와 사역의 결과물입니다. 그는 단기선교의 본질이 현장의 활동에 머물지 않고, 그 활동을 통한 선교사의 성숙과 공동체의 변화에 있다고 말합니다. 단지 일회적이며 단발적인 행위가 아니라, 개인의 신앙적 성숙과 신앙 공동체의 변화를 이루어가는 여정이라는 것입니다.

본서는 단기선교의 역사로부터 출발해 그 성경적 근거, 목적과 지향, 위험과 한계를 소개하고, 문화이해를 바탕으로 한 선교의 다양한 이론과 기획과 준비, 훈련, 디브리핑과 장기파송에 이르기까지 선교의 실제를 담은 단기선교의 종합 핸드북이라고 할 수 있습니다. 성공적인 단기선교를 위한 하나하나의 자료를 담은 부록에 이르기까지 본서는 단기선교를 이해하고 실천할 수 있는 가장 뛰어난 가이드를 제공하고 있습니다.

본서의 출간을 통해 단기선교가 더욱 활성화되기를 기대합니다. 선교의 거룩하고 아름다운 소명으로 독자 여러분을 초대합니다.

신촌성결교회 박노훈 담임목사, 월드비전 이사장

추천의 글

이 책은 한국 교회의 단기선교를 뿌리 깊은 나무의 토양처럼 풍요롭게 다져주는 지침서입니다.

현장의 맥을 짚고, 한 걸음씩 나아가는 선교사의 발걸음을 든든히 붙잡아 줍니다.

복음의 씨앗을 심는 모든 순간을 신중하게 안내하며, 치열한 기도와 준비를 촉구합니다.

실패와 도전 앞에서도 흔들리지 않는 영적 나침반을 선물합니다.

공동체와 지역을 잇는 다리 역할을 감당하게 하는 실질적 도구입니다.

이 매뉴얼이 단기선교를 '경험'이 아닌 '헌신'으로 바꾸는 시작이 되기를 확신합니다.

**전주성결교회 김철호 담임목사, 호산나재단 이사장,
전 기성총회 해선위원장**

머리말

단기선교, 그 사역의 깊이를 묻다

선교의 길을 걸은 지가 벌써 35년의 시간이 되어 갑니다. 우연한 기회에 참석한 오엠(OM)의 단기선교 프로그램이 저의 인생의 방향을 바꾸어 놓을지는 생각하지 못했습니다. 그러나 그 경험은 너무 강력했고, 겁 없이 띄어든 선교의 여정이 순탄치만은 않았지만 고비고비마다 작은 결단의 흔적들과 그 분의 이끄심이 있었습니다. 돌이켜 보니 숨 가쁘게 달려온 시간들이었습니다. 잠시 호흡을 가다듬고 지나온 시간들을 돌아보며 지금도 배낭을 메고 떠나는 수많은 단기선교사들에게 이제는 조그마한 안내 핸드북 정도는 쥐어주고 보내야 한다는 생각이 들었습니다.

이 책은 단순한 저의 지나온 시간에 대한 감상적 회고만은 아닙니다. 그렇다고 너무 신학적이거나 이론적인 책은 더더욱 아닙니다. 그러나 단기선교를 생각하는 개인, 그리고 보내는 부모님들, 그리고 교회가 한 번은 생각해 봤으면 하는 선배로서의 조언이라고나 할까?… 단숨에 읽어 버리기에는 숨이 찰 수 있지만 한 번의 심호흡과 성령의 감동과 가르침이 우리에게 임하여 달라는 간절한 호흡을 요청하는 안내서와 안내자는 될 수 있었으면 좋겠습니다. 왜냐하면 단기선교는 단순한 여행이 아닙니다. 그것은 하나님의 부르심에 대한 우리의 응답이며, 그의 구속사역에 참여하는 거룩한 여정입니다. 그러나 이 사역의 진정성과 깊이를 이해하려면, 단기선교가 단순한 활동이나 프로젝트를 넘어서는 의미를 지닌다는 사실을 깨달아야 합니다. 선교는 단기적으로 이루어지는 것이 아니라, 하나님께서 우리 각자의 삶속에 심어주신 소명에 대한 지속적인 응답으로서 우리의 전생애에 걸쳐 이루어지는 영적 여정입니다.

단기선교가 더 이상 단순히 '체험'이나 '봉사'로 이해되어서는 안 되는 이유는, 그것이 바로 하나님 나라의 확장을 위한 '출발점'이기 때문입니다. 단기선교는 그 자체로 끝나는 것이 아니라, 복음을 살아내는 여정이 시작되는 지점입니다. 많은 사람들이 단기선교를 통해 하나님이 하시는 일에 대한 새로운 비전을 보고, 그 경험을 통해 자신의 삶을 돌아보며 새로운 신앙적 결단을 하게 됩니다. 그러나 그 경험이 단순히 '여행'으로 끝나지 않고 복음을 실천하는 일상으로 확장되는 것에 의미가 있습니다.

우리가 이 책을 통해 이야기하고자 하는 단기선교는, 단지 현지에서의 활동을 기록하는 것이 아닙니다. 그 활동이 어떻게 우리 각자의 신앙생활에 영향을 미쳤는지, 그 사역이 어떻게 교회와 사회에 구체적인 변화를 가져왔는지를 깊이 성찰하는 것이 핵심입니다. 단기선교는 하나님께서 이미 일하고 계신 현장에서, 그분의 사역에 참여하는 것입니다. 그것은 '하나님의 뜻을 이루어가는 일'이자 '하나님의 나라를 세상에 실현하는 과정'입니다.

단기선교의 본질은 그저 현장에서 활동하는 데 있는 것이 아니라, 그 활동이 우리의 신앙을 어떻게 성숙시키고, 우리와 함께 일하는 이들을 어떻게 변화시키는지에 있습니다. 예수님은 제자들에게 '너희가 나를 사랑하면 나의 계명을 지키라(요 14:15)'고 말씀하셨습니다. 이 말씀이 단기선교의 본질을 그대로 담고 있습니다. 우리가 하나님을 사랑하는 마음으로 나아갈 때, 그 사랑은 현지 사람들과의 관계에서, 우리 교회 공동체와의 상호작용에서, 그리고 우리가 주고받는 모든 사역의 과정에서 증거로 나타납니다.

단기선교는 단순히 '가서 무엇을 하는가'가 중요한 것이 아니라, '왜 가는가'가 중요한 사역입니다. 특히 오늘날 우리는 단기선교 7.0의 시대를 맞이하고 있다고 생각합니다. 이 '7.0'이라는 표현에는 세 가지 성경적 상징이 담겨 있습니다.

첫째, 신명기 7장에서 가나안 땅의 일곱 족속을 향한 선교는, 단기선교가 단지 쉬운 사역이 아니라 거대한 영적 도전과 정복의 여정임을 보여줍니다. 하나님은 그 땅을 이스라엘 백성에게 주셨지만, 그 과정에는 하나님의 능력과 백성의 순종이 함께 작동해야 했습니다. 단기선교 역시 쉽게 열리는 문이 아니라, 하나님의 명령에 순종하여 나아가는 영적 전쟁의 현장입니다.

둘째, 예수님께서 70인을 짝지어 여러 지역에 보내셨던 누가복음 10장의 장면은, 오늘날 단기선교가 단지 개인적 체험을 넘어서 공동체적 파송과 사명의 분산이라는 사역의 본질을 상기시켜 줍니다. 예수님은 그들을 '앞서 보내' 하나님 나라의 도래를 선포하게 하셨고, 이는 지금의 단기선교가 감당해야 할 선교적 책임과 전략적 분산의 모델이 됩니다.

셋째, 마가복음 8장에서 예수님께서 4천 명을 먹이시고 7광주리를 남기신 사건은, 단기선교가 끝나고 나서도 하나님의 공급하심과 열매가 지속적으로 남는 사역임을 말해 줍니다. 사역이 끝난 자리에 남은 광주리는 단기선교의 결과가 사라지는 것이 아니라, 이후의 신앙과 사명으로 이어진다는 상징입니다.

우리는 단기선교를 통해 하나님이 이미 일하고 계신 현장에 우리의 존재와 열정을 던지며, 그 속에서 하나님의 뜻을 찾고 실천하는 여정을 시작해야 합니다. 단기선교는 우리의 신앙을 테스트하고, 우리의 복음적 정체성을 확인하는 중요한 기회입니다. 하나님께서 우리를 부르시는 이유는 단지 현지에서의 봉사를 넘어서, 우리가 진정으로 복음을 살아내는 사람으로 변화되기를 원하시기 때문입니다.

이 책에서 다루는 단기선교의 핵심은 '계획'이 아니라 '소명'입니다. 단기선교는 단순히 일정을 짜고 프로그램을 실행하는 것에 그쳐서는 안 됩니다. 그것은 하나님의 구속적 계획에 참여하는 신학적 행위입니다. 선교의 목적은 우리가 그리스도의 몸으로서 교회가 세상 속에서 살아가는 방식과 그 존재의 의미를 확립하는 것입니다. 하나님은 우리를 통해 세상에 그의 사랑을 전하고, 그 사랑이 우리의 삶 속에서 실현되기를 원하십니다.

단기선교의 참된 목적은 복음의 씨앗을 심고, 그 씨앗이 자라나도록 돕는 것입니다. 그 씨앗은 단기적인 열정으로만 그치지 않고, 장기적으로 우리의 삶 속에 뿌리내려 하나님의 나라를 이루어가는 힘이 됩니다. 우리가 단기선교에서 경험하는 것은 단순히 그 현장의 사역을 넘어서, 하나님께서 우리 각자에게 주신 사명과 소명에 대한 깊은 성찰이 필요합니다. 우리가 그 현장에서 경험하는 기쁨과 슬픔, 성취와 좌절은 단순히 외부에서 경험하는 것이 아니라, 우리 내부의 신앙적 변화와 직결됩니다.

단기선교는 결코 단발적인 사역으로 끝나지 않습니다. 그것은 하나님께서 우리를 부르시는 '하나님의 선교'에 대한 응답으로, 우리의 모든 삶을 포함하는 신앙적 여정의 일부입니다. 단기선교는 복음을 전하는 단기적인 활동에 그치지 않고, 그 과정에서 신앙 공동체와 개인의 신앙적 성숙을 이루어가는 여정입니다. 이 책은 그 여정을 함께 걸어가며, 단기선교가 어떻게 우리의 삶을 깊이 변화시키고, 교회가 그 사역에 어떻게 참여할 수 있는지에 대한 구체적인 방향을 제시합니다.

우리 교회와 신앙 공동체는 단기선교를 통해 하나님의 구속적 역사에 참여하고, 그 사역을 통해 세상에 그의 사랑을 실현해 나가야 합니다. 단기선교는 끝이 아니라, 시작입니다. 그 시작이 교회와 신앙 공동체의 사역을 더욱 확장시키고, 하나님 나라의 참된 비전을 실현하는 중요한 계기가 되어야 합니다.

이 책을 통해 여러분이 단기선교의 깊은 의미와 그 실천적 적용을 더 잘 이해하고, 그것이 여러분의 삶 속에서 어떻게 실현될 수 있는지에 대한 풍성한 통찰을 얻기를 바랍니다. 단기선교는 단지 가고 돌아오는 경험에 그치는 것이 아니라, 하나님의 뜻을 이루어가는 지속적인 여정임을 기억하십시오. 우리가 그 여정에 한 걸음 한 걸음 나아갈 때, 하나님은 그 여정 속에서 우리를 더욱 온전한 그리스도인으로 변화시키실 것입니다.

이 선교의 여정에 함께 해준 아내 한금옥 선교사와 사랑하는 딸 재인(Janne)이와 아들 찬호(Chanho)에게 감사를 전합니다.

선릉 사무실에서 송재홍 선교사

추천의 글 _____ 07

머리말 _____ 30

I부

제 1 장 단기선교의 정의와 역사
"짧지만 결코 가볍지 않은 부르심"

1. 단기선교란 무엇인가? _____ 51
2. 단기선교의 역사적 발전 _____ 56
3. 단기선교의 유형 _____ 59
4. 왜 오늘날 단기선교가 중요한가? _____ 61

제 2 장 단기선교의 성경적 근거
파송하시는 하나님, 참여하는 백성

1. 선교는 하나님의 이야기이다. _____ 69
    - Missio Dei
2. 구약의 하나님과 선교적 사명 _____ 73
3. 신약에 나타난 하나님의 선교 _____ 84
4. 사도행전 속 단기사역 _____ 95
    바울의 전략
5. 성경 속 단기선교 모델들 _____ 101

Contents

제 3 장 단기선교의 목적과 가치
짧은 시간, 영원한 울림

1. 하나님 나라의 확장 _____ 109
   지금 여기서 임하시는 왕국
2. 공동체의 동원과 훈련 _____ 111
3. 다음세대의 영적 각성 _____ 116
4. 현지교회와의 동역 _____ 122
   나눔이 아닌 연합

제 4 장 단기선교의 위험과 한계
좋은 의도만으로는 충분하지 않다

- 선교지에서 들려온 편지 _____ 131
1. 문화제국주의와 우월의식 _____ 133
   우리 방식이 정답이다.
2. 선교지의 의존성 문제 _____ 135
   누가 주고, 누가 받는가?
3. 선교 관광의 유혹 _____ 137
   은혜를 소비하는 여행자들
4. 팀워크와 준비 부족의 위험 _____ 139
   훈련 없는 열정은 무책임이다.

제 5 장 단기선교와 선교신학
"복음을 품고 문화를 건너는 사람들"

1. 복음과 문화 _____ 145
   변증과 번역의 긴장 속으로
2. 현지 교회 중심 선교 모델 _____ 147
   함께 세워지고, 함께 걷는다.
3. 전도, 교육, 봉사의 균형 _____ 149
   한 손에 복음, 다른 손에 사랑
4. 선교지의 관점에서 바라본 STM _____ 151
   그들은 우리를 어떻게 기억하는가?

제 6 장 문화 이해와 인류학적 접근
하나님의 복음이 문화의 옷을 입을 때

1. 타문화 이해를 위한 기본 개념 _____ 157
2. 인류학적 경청 _____ 164
   문화 상대주의 vs 성경적 절대주의
3. 현지 문화에 대한 존중과 배움 _____ 167
4. 문화 충격과 적응에 대한 훈련 _____ 169

제 7 장 다양성의 가치와 선교 공동체
문화적 다양성과 팀워크의 영적 통합

1. 다양성은 하나님의 창조적 선교질서다. _____ 187
2. 바울의 선교팀 _____ 194
   다양성 속에서 하나됨을 이루는 복음 공동체

제 8 장 단기선교 기획
보내는 교회의 실천적 제자도

1. 단기선교는 교회의 사도적 고백이다. _____ 203
2. 사역 목표 설정 _____ 204
   바쁘게 움직이되, 왜 가는지를 잃지 말라.
3. 선교지 선정 _____ 206
   관계의 이야기에서 전략이 태어난다.
4. 팀 구성과 역할 _____ 208
   선교는 공동체로 파송된다
5. 훈련과 준비 _____ 215
   단기선교는 신학적 여정이다.
6. 보내는 교회는 복음의 학교다. _____ 223

제 9 장 효과적인 단기선교 준비와 훈련
거룩한 발걸음을 위한 내적 훈련과 팀워크

- 하나님의 선교에 응답하는 이들의 여정 _____ 229
1. 하나님의 선교에 대한 신학적 이해 _____ 231
   왜 우리는 가는가?
2. 영적준비 _____ 233
   먼저, 무릎으로 떠나라.
3. 복음 메시지를 문화적으로 전하기 _____ 235
   언어 너머의 소통
4. 타문화를 경청하는 법 _____ 237
   감수성의 훈련
5. 사전 교육과 현지 정보 습득 _____ 239
   복음을 전하기 전에, 그들의 세계를 배워라.
6. 공동체를 이룬다는 것 _____ 241
   팀워크와 영성 훈련
7. 예기치 못한 순간에 대비하기 _____ 245
   위기관리 훈련
8. 선교적 태도와 기본 예절 _____ 247
   하나님의 사람답게 머무는 법
9. 멈춰 서서 돌아보는 지점 _____ 249
   피드백과 디브리핑
10. 단기선교는 시작이다. _____ 251

Contents

제10장 단기선교 이후의 삶
돌아 왔는가, 아니면 보내심을 받은 것인가?

1. 귀국후 적용과 간증 _____ 257
   단기선교는 끝났지만 하나님의 일은 계속된다.
2. 선교적 삶의 지속 _____ 259
   후원, 훈련, 장기 헌신
3. 교회 내 선교 운동의 불씨로 발전시키기 _____ 261

제11장 단기선교 이후의 디브리핑과 장기파송 전략
선교의 완성이 아닌 시작을 위한 연결

- 서론 _____ 267
  단기선교는 끝이 아니라 시작이다.
1. 디브리핑의 신학적 의의 _____ 271
2. 경험의 신학화 _____ 274
3. 단기선교 이후의 성찰 _____ 276
4. 장기 파송 전략 _____ 279
5. 단기선교는 뿌리를 내리는 지점이다. _____ 283

제12장 효율적 단기선교의 실제와 원칙

- 서론 _____ 289
1. 교회의 필요보다 선교지의 필요가 우선되어야 한다. _____ 292
2. 선교현장의 리더십은 교회가 아니라 _____ 295
   선교사에게 있어야 한다.
3. 선교사와 상의하지 않은 약속을 _____ 298
   현지인들과 하지 말라.
4. 단기선교 훈련은 철저하게 현장 중심으로 _____ 301
   준비되어야 한다.
5. 다른 교회들과 차별화된 경쟁을 하는 _____ 304
   선교를 지양하자.
6. 한 곳을 지속적으로 헌신하여 선교하라. _____ 308
7. 현지 문화를 바꾸려 하지 말고 존중하고 적응하라. _____ 311
8. 단기선교는 현지 교회의 자율성과 문화적 리더십을 _____ 314
   존중해야 한다.
9. 단기선교는 지역 공동체와의 지속 가능한 _____ 317
   관계 맺음이어야 한다.
10. 단기선교는 하나님의 선교(Mission Dei)에 _____ 320
    동참하는 성육신적 삶의 훈련이다.

II부

선교에세이
산을 넘는 자들의 아름다운 발길

더러는 의심하는 자들도 있더라. _____ 329
복음의 밀수꾼이 되다. _____ 337
"여기 소가 있습니다." _____ 341
하나님의 복음으로만 아니라 우리의 생명까지도 _____ 344
바울과 실라처럼 _____ 349
세상을 품은 그리스도인이 되라. _____ 355
와서 우리를 도우라. _____ 359
데살로니가에서의 밤, 나그네의 복음 _____ 365
가파도키아의 우수 - 돌에 스며든 신앙의 숨결 _____ 370
파묵칼레 - 복음, 그 흔적 : 회복을 위한 도성 _____ 374
형제애의 이름아래, 빌라델비아를 걷다. _____ 379
코르반 바이람의 양 - 어린양을 보라. _____ 383
에베소 거리를 걸으며 _____ 387
앙카라에서 코냐까지 - 길 위의 묵상 : _____ 390
바울의 발자취를 따라
살았으나 죽은 자의 도시, 사데를 걷다. _____ 395
이고니온의 먼지 위에 서서 : 코냐에서의 영적 묵상 _____ 399
Think Globally, make things happen _____ 402

부록(Appendices) 1_____ 409
부록(Appendices) 1_____ 421
주_____ 431

Short-Term Mission

Manual 7.0

제1장

단기선교의 정의와 역사

"짧지만 결코 가볍지 않은 부르심"

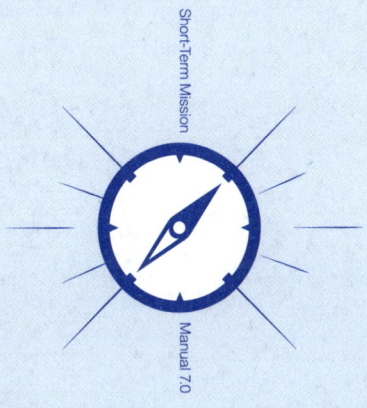

"하나님의 선교는 긴 여정이다.
그러나 그 여정엔 수많은 짧은 발걸음들이 필요하다."

1
단기선교란 무엇인가?
Definition of Short-Term Mission

• • • • • •

21세기에 접어들며 선교의 지형도는 급격하게 변화하고 있습니다. 그 중에서도 가장 두드러진 흐름 중 하나는 '단기선교(Short-Term Mission, 이하 STM)'의 부상입니다. STM은 이제 더 이상 일시적 체험이나 부속 활동이 아닌, 전 세계 교회 선교 전략의 중요한 축으로 자리매김하고 있습니다.

보통 STM은 1주에서 2년 미만의 선교 사역 참여를 의미하지만, 그 정의를 단지 '기간'으로 한정할 경우, 그 본질을 왜곡할 위험이 있습니다. STM은 단순한 시간의 조각이 아니라, 하나님의 선교(Missio Dei)에 참여하는 교회의 의식적 응답이며, 장기선

교를 위한 디딤돌이자, 글로벌 선교지형에 대한 민감성과 유연성을 기르는 '선교적 형성의 장'입니다.[1]

STM은 다음과 같이 정의될 수 있습니다.

"짧은 기간 동안 복음을 전하고, 섬기며, 배우고, 변화되는 선교적 여정"

이 네 가지 요소(전함, 섬김, 배움, 변화됨)는 STM의 본질적 특징이며, 이 과정을 통해 참여자는 하나님의 선교에 '경험적으로 참여'함으로써 자기 인식과 세계관, 그리고 소명 인식에 있어 근본적인 전환을 경험하게 됩니다.

1) 신학적 차원에서 본 단기선교

STM은 궁극적으로 성육신적 복음의 실천입니다. 그리스도께서 하늘 보좌를 떠나 세상 가운데 오신 것처럼(요1:14; 빌2:5-11), 단기선교 또한 낯선 문화 안으로 자기를 '비우고 들어가는 훈련'입니다. STM은 단지 '일시적 봉사'가 아니라, '자기를 비우는 성육신적 섬김의 시작'입니다.

또한 STM은 삼위일체 하나님의 선교적 역동에 참여하는 훈련입니다. 성부 하나님은 아브라함을 부르시고(창12:1-3), 성자 예수는 "보내심 받은 자"로 오셨고(요20:21), 성령은 오늘도 교회를 세상으로 파송하십니다.(행1:8) STM은 이러한 선교적 삼위일체 흐름에 순종함으로 들어가는 '실천적 신학'의 현장이자 그리스도의 명령(마28:19-20)에 순종하는 고백적 결단입니다.

2) 선교전략적 관점에서 본 단기선교

STM은 장기선교의 보완이자 준비과정일 뿐만 아니라, 현대 선교의 새로운 접점을 여는 전략적 도구입니다. 과거에는 STM이 '아마추어적'이고 '효율성이 낮은' 사역으로 평가받기도 했지만, 오늘날에는 오히려 다음과 같은 강점을 지닌 전략적 선교 플랫폼으로 이해되고 있습니다.

- **탐색적 사역 (Exploratory Mission)** : 새로운 지역, 문화, 언어권에 대한 이해를 높이고, 장기선교의 가능성을 미리 진단하는 '전초기지' 역할, 즉 장기선교사로 경험할 모든 부분을 사전에 미리 경험하게 됨
- **관계 기반 구축 (Relational Mission)** : 짧지만 반복적인 방문을 통해 선교지 교회, NGO, 지역사회와의 신뢰 기반 형성
- **소명 촉진 (Vocational Formation)** : 많은 선교사들이 STM을 통해 '자신의 부르심'을 깨달았고, 실제 장기선교로 헌신한 사례들이 풍부함
- **청년 세대 훈련 (Next-Generation Training)** : 특히 MZ세대와 다음세대를 위한 영적 각성과 세계관 훈련의 기회로서 매우 유익

3) 단기의 시간 속에 담긴 '영원의 울림'

STM은 기간이 짧다고 하여 가볍게 여겨질 것이 아닙니다. 오히려 짧기 때문에 더 치밀한 준비, 더 깊은 영적 집중, 더 겸손한 태도를 요구합니다. 이것은 단순한 관광이 아니라, '시간을 구속의 도구로 전환시키는 성령의 훈련'입니다. STM은 '작은 헌신'이지만, 하나님의 관점에서는 장기선교보다 더 깊은 인식의 변화를

불러오는 계기가 될 수 있습니다.

    STM은 '짧은 기간 동안 복음을 전하고, 섬기고, 배우며, 변화되는 선교적 여정'이라고 요약할 수 있습니다. 그리고 더 나아가 전통적인 장기선교가 할 수 없는 새로운 전략적 접근이라는 점에서 단기라는 시간의 제한이 전문성과 진정성의 결여가 아니라, 오히려 집중력 있는 헌신과 겸손한 태도를 요구하는 부르심이자 전략적 적응이라고 할 수 있을 것입니다.

2
단기선교의 역사적 발전
Historical development of Short-Term Mission

· · · · · ·

　단기선교는 21세기에 등장한 현대적인 개념이지만, 그 뿌리는 매우 깊습니다. 구약 성경에서 우리는 종종 '단기적으로' 보냄 받은 사명자들을 목격하게 됩니다. 엘리야, 요나, 이사야 는 모두 특정한 시간과 장소로의 파송을 받았고, 그들의 메시지는 역사에 지속적인 흔적을 남겼습니다. 신약에서도 예수께서는 12제자를 12고을에 보내시고(눅9장), 70인을 2명씩 짝지어 파송하시며 단기 선교적 모델을 제시하셨습니다.[2] (눅10:1)

　하지만 오늘날 우리가 말하는 STM은 주로 20세기 후반의 미국 복음주의 운동과 함께 구조화되기 시작했습니다. 1960년

대 말부터 미국 내 교회들은 대학생 중심의 여름 선교를 시도했고, 이후 YWAM(Youth With A Mission), OM(Operation Mobilization), SIM 등의 선교단체들이 이를 확대하며 전 세계로 확산되었습니다.[3]

특별히 OM(Operation Mobilization)은 1989년부터 '러브유럽(Love Europe)'이라는 6-8주 내의 단기선교팀을 동구권, 유럽, 북부 아프리카, 서유럽 등지에 보내는 일을 초교파적인 협력을 통해 실행 함으로써 현대선교에 있어서 '단기선교'를 매우 전략적인 선교의 한 축으로 자리잡을 수 있도록 한 역할을 감당하였습니다.

'단기선교'를 1980~90년대에는 "선교는 전문가의 일이 아니라, 모든 그리스도인이 부름 받았다."는 의식의 확산과 함께, 단기선교는 '평신도 선교 시대'의 상징이 되었습니다. 특히 한국 교회는 1990년대부터 미국의 모델을 도입하며 여름단기선교를 정례화했고, 세계 제2의 선교사 파송국이 된 배경에도 STM이 기여했습니다.[4]

한국대학생 선교회, 오엠코리아, 등 국내 선교단체들의 정기적인 여름을 이용한 단기선교 프로그램은 후에 개교회의 선교지향적인 교회들이 직접 단기선교팀을 내 보내는 교회중심의 단기선교 운동을 일으키는 데 매우 중요한 역할을 감당하였음을 상기할 필요가 있다고 할 수 있습니다.

3
단기선교의 유형
Type of Short-Term Mission

단기선교는 다음과 같은 여러 형태로 진행될 수 있다.

유형	설명
청소년/청년 선교	대학생, 청년부 중심의 여름 단기 선교, 문화체험과 복음전도 병행
전문인 단기봉사	의료, 건축, 교육 등 기술 기반의 사역
교회-교회 협력 사역	자매결연 교회나 현지 공동체를 섬기기 위한 공동 프로젝트
전도/훈련 캠프	전도집회, 제자훈련, 성경교육 중심의 단기 사역

이러한 각 유형의 단기선교 프로그램은 그 자체로 목적이 아니라 선교의 일환으로 설계되고 평가되어야 하며, STM의 열매

는 '현지 공동체'와 '참여자의 삶' 모두에게서 평가되어야 합니다. 즉 단기선교에 참여한 참여자들의 만족과 그들만이 평가의 중심이 되어서는 안될 것입니다.

4
왜 오늘날 단기선교가 중요한가?
Why is Short-Term Mission important today?

· · · · · ·

오늘날 STM의 필요성은 단순한 '체험 기회 제공'이 아닙니다. 선교는 교회를 위한 선택 과목이 아니라 정체성 그 자체이기 때문입니다. STM은 특히 다음과 같은 이유로 교회 사역에서 중심적인 위치를 차지할 수 있습니다.

- **복음 전파의 실제적 통로** → 말뿐 아니라 삶과 섬김으로 복음을 증거할 기회를 만들어야 할 것이다.
- **다음세대 선교 헌신의 통로** → 단기선교를 통해 장기 헌신자들이 태어나도록 하여야 할 것이다.

- **현지 교회와의 상호 강화** → '서로가 서로에게 선교사'가 되는 경험이 되어야 하고 특히 현지 교회가 새롭게 선교적 교회로의 역할로 눈을 뜨는 계기가 되어야 할 것이다.
- **교회 전체의 선교적 체질 강화** → 단기선교는 전 교회의 선교 동원 운동의 기폭제일 뿐 아니라, 교회 전체가 선교적 교회로 거듭나는 계기로 만들어야 할 것이다.

보냄의 하나님과 STM

하나님은 본래부터 보냄의 하나님이셨습니다. 창세기의 아브라함의 부르심(창12:1-3)부터 신약에서 예수 그리스도와 사도들의 파송(요20:21, 마28:19)까지, 성경은 보냄(Sending)의 이야기입니다. 이러한 보냄은 단지 공간의 이동을 의미하는 것이 아니라, 하나님의 성품 자체가 세상을 향해 나아가시는 역동적 사랑임을 나타냅니다.

STM은 이러한 하나님의 보냄을 축소적으로나마 체험하고 실현하는 자리입니다. STM 참가자는 단순한 '봉사자'가 아니라, '보냄 받은 자'로서 세상 속에서 하나님 나라의 징표와 전령으로 기능합니다. STM은 사도행전적 제자도의 회복이며, 하나님의 사랑이 구체적 행위와 만나는 자리입니다.

STM의 삼중적 의미 : 예언자적, 제자훈련적, 선교현장 탐지적 기능

STM은 다음 세 가지 관점에서 신학적으로 해석될 수 있습니다.

- **예언자적 기능** : STM은 현장에 대해 새로운 시선을 제시하며, 하나님의 나라가 지금 이곳에서 어떻게 드러나야 하는지를 묻습니다. 이는 교회 내의 일상성에 도전하는 선지자적 역할입니다.
- **제자훈련적 기능** : STM은 참여자의 삶을 변화시키는 강력한 제자훈련 도구입니다. 현장에서 경험하는 낯섦과 복음 전파는 이론적 신앙을 실존적 신앙으로 전환시킵니다.
- **탐지적 기능** : STM은 장기선교의 문을 여는 탐색선입니다. 현장의 문화적 저항성, 복음의 수용성, 장기 파송의 가능성 등을 탐색하는 중요한 기상관측소 역할을 합니다.

짧지만 깊고, 임팩트 있는 사역

"단기선교는 선교지의 변화보다 보내는 이의 변화가 더 크다."는 말이 있습니다. 그러나 이 두 가지는 결코 대립하지 않습니다. 단기선교는 하나님께서 보내는 자와 맞이하는 자를 동시에 변화시키시는 쌍방향의 사건입니다.

진정한 STM은 '내가 가서 무엇을 했는가'가 아니라, '하나님이 그 땅에서 우리를 통해 무엇을 하셨는가'에 초점을 맞출 때, 비로소 그 짧은 시간이 영원한 열매로 이어질 것입니다. 필자의 경험을 통해서 우리가 선교지로 갈 때는 선교지의 교회와 현지인들이 변화 되어지도록 하기 위해 간다고 생각하지만 짧은 선교지 경험을 통해서 배우는 놀라운 변화의 하나는 하나님은 선교지의 교회가 아니라 선교사로 가는 '나' 자신을 변화 시키기 위한 하나님의 선교 프로그램이라는 사실을 깨닫는 것입니다.

STM은 단순한 인도주의적 활동이나 해외 봉사의 한 형태로 축소될 수 없습니다. STM은 하나님의 보냄(Sending)의 속성에 깊이 뿌리내린 '보냄 받은 존재(Missional Being)'의 자기 인식과 실천입니다. 하나님은 삼위일체적 선교의 근원이시며(요20:21), 성부는 성자를 보내셨고, 성자 예수는 성령 안에서 교회를 세상으로 보내십니다. 그러므로 교회는 존재 그 자체로 선교적이며(행13:1-3), STM은 이 선교적 정체성의 표현이자 훈련입니다. 단기선교의 시작은 하나님의 본성에서 비롯됩니다. 하나님은 창조의 시점부터 끊임없이 이 세상과 인류를 향해 자신을 드러내셨고, 그 구속의 역사 속에서 '보냄의 하나님(Sending God)'으로서의 역할을 하셨습니다. 하나님의 구속 역사 안에서 선교는 단순한 교회의 활동이나 사회적 기능을 넘어, 하나님의 존재 방식과 직결되는 일입니다. 하나님은 결코 자신을 가두지 않으셨습니다. 오히려 그분은 자신의 사랑을 세상에 퍼뜨리기 위해 끊임없이 인류를 향해 보냄을 주셨습니다.

David Bosch는 『Transforming Mission』에서 "선교는 교회가 존재하기 전부터 존재했던 하나님의 구속 역사"임을 강조하며, 교회는 이 구속 역사에 참여함으로써 자신의 정체성과 사명을 발견하게 된다고 설명합니다. STM 역시 교회의 이러한 참여의 구체적 실천입니다. 즉, STM은 작은 실천이지만, 하나님의 세계 구속이라는 거대한 이야기의 일부입니다.

그룹 성경공부 및 토론 질문

1. 나는 '단기선교'를 어떤 시각으로 바라보아 왔는가? 이 장의 내용을 통해 새로운 이해가 생겼는가?
2. STM이 '성육신적 복음 실천'이라는 설명에 대해 어떻게 느끼는가? 나의 삶에서 비워냄의 훈련이 필요한 영역은 어디인가?
3. 단기선교가 장기선교로 이어질 수 있는 디딤돌이 되려면 무엇이 필요할까?
4. 나의 교회는 STM을 통해 어떤 변화와 성숙을 경험했는가? 또는 기대할 수 있을까?
5. STM이 단순한 체험이 아닌 '보냄 받은 자'의 실천임을 어떻게 더 깊이 훈련하고 나눌 수 있을까?

제2장

단기선교의 성경적 근거
파송하시는 하나님, 참여하는 백성

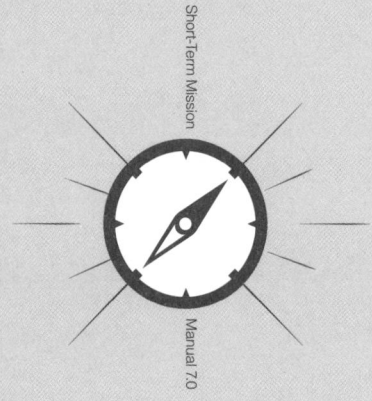

"우리가 복음을 들고 떠나는 그 길, 그 길의 시작은
하나님의 심장에서 비롯된다."

1
선교는 하나님의 이야기이다
- *Missio Dei*

Mission is the story of God — *Missio Dei*

· · · · · ·

단기선교를 말하기에 앞서 우리는 반드시 선교 전체의 뿌리를 바라보아야 합니다. 선교는 단지 교회의 수많은 사역 중 하나가 아닙니다. 선교는 하나님의 존재 방식이며, 성경 전체를 관통하는 위대한 구속의 이야기입니다. 이를 우리는 'Missio Dei', 곧 '하나님의 선교'라고 부릅니다.[1]

'Missio Dei', 곧 '하나님의 선교'는 20세기 이후 선교신학의 가장 본질적인 패러다임입니다. 하나님은 구원의 주체이시며, 선교는 그분의 주도하심 속에서 전개됩니다. David Bosch는 『Transforming Mission』에서 다음과 같이 선언하였습니다.

"선교는 교회가 하는 활동 이전에 하나님이 하시는 사역이며, 교회는 그 사역에 참여함으로써 자신의 정체성을 형성한다."[2]

즉, 선교는 교회의 전략이 아니라, 하나님의 존재적 흐름에 교회가 응답하는 양식인 것입니다. 단기선교 역시 이 '하나님의 선교' 흐름에 응답하는 성실한 교회의 행위이며, 성령의 인도하심에 순종하는 여정입니다. 그러나 이러한 단기선교 운동이 한국에 시작되기 전까지는 오랜 성령 하나님의 준비 시간이 있었습니다. 복음이 한국에 상륙한 이후 100여년이 지나서야 한국교회는 세계교회와 어깨를 나누며 선교사를 보낼 수 있었고 1990년 이후 부터 단기선교 운동(Short-Term Mission Movement)은 1988년부터 시작된 선교한국 운동과 맞물려 수많은 한국의 젊은이들을 하나님은 선교지로 보내셨던 것입니다. 1997년 한국이 세계에서 두 번째로 가장 많은 선교사를 파송한 국가로 등극하는 데에는 성령 하나님의 이러한 선교의 바람과 운동이 함께 하였기에 가능했던 일로 여겨집니다.

1) 성경에 나타난 단기선교적 사명들

성경은 명시적으로 '단기선교'라는 용어를 사용하진 않지만, 특정한 목적과 기간을 두고 하나님의 사명을 수행하는 다양한 파송의 사례들을 보여주고 있습니다.

- 여호수아는 여리고를 정탐하기 위해 정탐꾼을 보냈고(수 2:1), 이 12명의 스파이를 단기선교의 예로 종종 사용하게 됩니다.
- 요나는 니느웨로 파송되어 회개의 메시지를 외쳤습니다(욘 3장). 아마도 성경속에서 가장 짧은 단기선교를 한 선교사로 기록되지 않을까 싶습니다.
- 예수님은 제자들을 둘씩 짝지어 12마을로 보내셨으며(눅 9-10장), 70-72명의 제자들을 모든 마을로 보내시는 파송 사역을 하셨습니다. 12마을은 유대민족의 12지파를 상징합니다. 70제자들은 창10-11장에 나오는 모든 인류를 상징합니다. 즉 예수님의 파송 사역에서 자기백성과 모든 민족을 구원하시는 하나님의 선교적 전략을 볼 수 있게 되는 것입니다.
- 바울과 바나바의 제1차 전도여행은 일정 기간 동안 복수의 지역을 돌며 복음을 전하는 '단기적 파송'이었다. 그들은 늘 새로운 복음을 전할 지역과 지역으로 서진을 계속 해 나갔던 것입니다. 바울이 서진을 하여 가고자 했던 지역은 서바

나 즉 지금의 스페인인데 그때 당시의 세계관에서는 서바나가 땅의 끝이라고 생각했던 것 같습니다.(롬15장) 바울이 한 방향을 향하여 서진을 계속 했던 이유는 사도행전 1장 8절의 "땅 끝까지 주의 증인이 되라"는 명령에 순종하는 바울의 모습을 볼 수 있습니다.

Christopher J.H. Wright는 『The Mission of God』에서 다음과 같이 설명합니다.

"구약 전체는 선교적 하나님과 그분의 백성의 사명을 드러낸다. 선교는 예외적 사건이 아니라 하나님의 성품 그 자체이다."[3] 즉 구약의 하나님은 살아계신 하나님이시며 즉 선교의 하나님이신 것이다."

이러한 관점은 단기선교 또한 하나님의 구속사 속에서 실제적인 역할을 감당할 수 있음을 보여 줍니다.

2
구약의 하나님과 선교적 사명
The God of the Old Testament and the mission of calling

••••••

구약 성경에서 하나님의 선교적 성품은 단순히 특정한 사건이나 사람을 위한 일이 아니라, 그분의 본질에 깊이 뿌리내린 특징입니다. 하나님은 단순히 선교의 명령을 내리신 분이 아니라, 선교 자체가 하나님 성품의 핵심이라고 할 수 있습니다. 선교는 예외적 사건이 아니라 하나님의 성품 그 자체라는 인식은 구약을 통해 더욱 분명하게 나타납니다.

구약 성경이 보여주는 이방인을 향한 열린 비전

구약은 결코 폐쇄적인 민족주의가 아닙니다. 오히려 성전은 본래부터 **모든 민족에게 열려 있어야 할 장소**였습니다. 다음은 그 대표적인 구절입니다.

> "또 이방인이 여호와를 경외하여 그를 섬기며…나의 성산으로 인도하여 기도하는 집에서 그들을 기쁘게 할 것이며 그들의 번제와 희생은 나의 제단에서 기꺼이 받게 되리니 이는 내 집은 만민이 기도하는 집이라 일컬음이 될 것임이라"
>
> **이사야 56:6-7**

하나님은 처음부터 이스라엘을 통해 **모든 족속과 민족이 복을 얻게 하시려는 계획**을 갖고 계셨습니다.(창12:3)

따라서 성전이란 특정 민족만의 성역이 아니라, **열방을 위한 중보와 환대의 공간**이어야 했습니다.

땅 끝까지 이르러, 온 땅에 충만하라

태초에 하나님은 사람을 창조하셨습니다. 단지 '존재하게' 하신 것이 아니라, 그 존재를 통해 하나님의 마음과 목적을 이 땅 가운데 드러내게 하셨습니다. "생육하고 번성하여 땅에 충만하라(창1:28)"는 하나님의 첫 언약은 단지 인구의 증가를 넘어서,

하나님의 형상으로 창조된 인간이 이 땅 위에 하나님의 나라를 이루어 가는 선교적 명령이었습니다. 그것은 단순한 권유가 아니라, 창조주께서 인류에게 주신 거룩한 소명, 곧 선교적 정체성이 었습니다.

그리고 우리는 노아의 이야기 속에서도 우리는 하나님의 선교적 마음을 엿볼 수 있습니다. 홍수 이후 노아가 제단을 쌓자, 하나님은 다시금 생육하고 번성하라는 언약을 반복하십니다.(창 9:1) 그리고 그 언약은 다시금 '땅의 모든 생물'에게 확장되어 주어집니다. 여기서 우리는 **하나님의 선교가 단지 한 민족이나 개인을 위한 것이 아니라, 온 인류와 온 피조세계를 향한 것임을 알 수 있습니다.**

그러나 타락 이후, 인류는 하나님의 음성을 따르기보다는 스스로 하나님이 되고자 하였습니다. 바벨탑 사건은 이러한 인간의 자기중심적 야망의 결정체였습니다. 하나님은 이기적인 연합을 깨뜨리기 위해 언어를 혼잡하게 하셨고(창11:7), 그 혼란 가운데 인류는 흩어졌습니다. 그러나 그것은 단순한 심판이 아니라, 흩어진 가운데서도 하나님의 뜻을 이루시는 거룩한 흩어짐(Scattering)이었습니다. 하나님은 흩어진 민족들 가운데서도 당신의 이름이 전파되기를 원하셨습니다. 선교는 바벨탑 이후에도 계속되고 있었던 것입니다.

바벨탑 이후 창세기 12장에서 하나님은 아브라함을 부르십니다.(창12:1-3) 그가 어떤 배경의 사람이었는지, 왜 하나님이 그를 부르셨는지 창세기는 침묵하지만 하나님의 언약을 듣고 하나님을 향해 반응하는 인간들의 모습 속에서 아브라함은 아마도 하나님이 보시기에 합당한 삶의 태도를 갖고 있었을 것입니다. 그리고 하나님은 아브라함과 언약을 맺습니다. 흥미로운 것은 하나님의 유머 감각입니다. 바베탑 사건이 그리고 바벨탑 프로젝트가 인류사적인 거대한 프로젝트 였음에도 우리는 어느 누구의 이름도 기억하지 못합니다. 그들의 이름을 온 지면에 알리게 하자는 원대한 꿈과 야망을 드러낸 공사 였음에도 불구하고 바벨탑 공사에 참여한 어느 누구도 우리는 기억하지 못하고 있습니다. 그런데 하나님은 아브라함 한 사람의 순종이 있을 때 수천년이 지난 지금에도 아브라함이라는 이름을 지금도 기억하며 그의 이름을 따라 사용하고 있다는 사실이 너무나도 놀랍습니다. 하나님은 그의 약속 그대로 그를 복의 근원으로 사용하셨고, 그의 후손들은 바다의 모래와 하늘의 별과 같이 수많은 셈족과 야벳족의 함족의 후손들이 아브라함의 후손들로 온 땅을 채우고 있다는 사실이 얼마나 놀라운지 모르겠습니다.

이 선교적 언약은 출애굽의 유월절 사건 속에서도 강력하게 나타납니다. 유월절 밤, 하나님은 장자의 피값으로 애굽을 심판하시며 이스라엘을 해방시키십니다. 그런데 흥미로운 것은 출애굽기 12장 38절에 '허다한 잡족'이 이스라엘과 함께 나갔다는 점입니다. 유월절의 구원이 이스라엘만의 것이 아니라, 함께 그 밤을 경험한 이방인들에게도 미쳤던 것입니다. 하나님의 구원은 항상 경계를 넘어서는 것이었습니다.

시내산 언약 역시 마찬가지입니다. 하나님은 이스라엘을 '제사장 나라'로 부르십니다.(출19:6) 제사장이란 누구입니까? 하나님과 사람 사이를 연결하는 자입니다. 이스라엘은 하나님께 선택받은 민족이었지만, 그 선택은 특권이 아니라 사명이었습니다. 그들은 '모든 민족을 위한 축복의 통로'가 되어야 했습니다.

그리고 구약의 수많은 이야기들 — 나아만 장군의 회복(왕하 5장), 다윗과 골리앗의 전쟁(삼상17장), 느헤미야와 다니엘, 요나와 니느웨 — 심지어 포로기와 귀환기 속 예언자들의 외침은 하나같이 **'하나님의 이름이 모든 민족 가운데 전해지고 예배받기를 원하신다'**는 사실을 증거합니다.

하나님은 이방 여인 룻을 통해 다윗의 혈통을 이으시고, 기생 라합을 통해 여리고의 성문을 열게 하셨으며, 에스더를 통해 온 민족을 구원하셨고, 밧세바와 다말의 이름까지도 메시아의 족보 속에 담아내셨습니다.(마1장) 그 누구도 하나님의 선교적 구원의 계획 밖에 있지 않았습니다. 오히려 인류의 경계와 차별을 무너뜨리시며, 하나님의 이름이 열방 가운데 알려지고 예배되기를 원하신 것입니다.

요나의 이야기는 구약에서 가장 선교적인 이야기 중 하나입니다. 선지자 요나는 니느웨로 가기를 원하지 않았습니다. 그가 두려워한 것은 하나님의 심판이 아니라 하나님의 **자비와 용서**였습니다.(욘4:2) 하나님은 요나에게 말씀하십니다. "내가 수많은 가축과 사람들, 그들의 회개를 어찌 기뻐하지 않겠느냐?" 이 말씀은 구약의 하나님이 심판의 하나님이 아니라 **열방을 품으시는 선교의 하나님**임을 드러냅니다.

그렇습니다. 구약의 하나님은 구원의 하나님이시며, 선교의 하나님이십니다. 그분은 창세기부터 말라기까지 한결같이 당신의 이름이 이스라엘을 넘어서 온 열방에 알려지기를 원하셨습니다. 이방인과 가난한 자, 여인과 고아, 심지어 죄인까지도 포함하는 하나님의 구속사적인 흐름은 우리를 결국 예수 그리스도의 복음으로 인도합니다.

구약은 신약을 준비하는 선교의 서문이며, 그 안에 나타난 하나님의 마음은 지금도 여전합니다. "땅의 모든 족속이 너로 말미암아 복을 얻을 것이라"(창12:3)는 아브라함에게 주신 언약은 여전히 유효하며, 지금 우리에게도 동일하게 말씀하십니다. "가서 모든 민족을 제자 삼으라."(마28:19)

선교적 하나님 : 구속사의 계획 속에서

구약에서 하나님은 창조의 신이자, 구속의 하나님으로서 선교적 목적을 가지고 세상을 창조하셨습니다. 창세기 12장에서는 하나님께서 아브라함에게 "네게 복을 주고, 너를 통해 모든 민족이 복을 받을 것"이라고 말씀하시며 선교적 목적을 분명히 하셨습니다. 이는 아브라함의 후손인 이스라엘이 하나님을 알지 못하는 이방 민족들에게 하나님의 구속 계획을 전하기 위한 통로가 될 것을 예고하는 말씀입니다.

하나님의 이 선교적 사명은 단기선교와도 깊은 연관이 있습니다. 하나님은 이스라엘 민족을 통해 전 세계에 하나님의 구속 역사와 그분의 성품을 드러내고자 하셨습니다. 이와 같은 구속사적 시각은 단기선교가 그저 짧은 기간의 봉사가 아니라, 하나님의 구속 역사에 참여하는 중요한 사역임을 보여주고 있습니다.

창세기 이후, 하나님의 찾으심

선교는 에덴동산에서 인간이 죄로 인해 하나님을 떠난 바로 그 순간부터 시작되었습니다. "아담아, 네가 어디 있느냐?(창 3:9)"라는 하나님의 첫 질문은 단순한 위치 파악이 아니라, 하나님께서 인간을 다시 찾으시는 선교적 초청이었습니다.

그 이후 성경은 하나님이 사람을 찾아오시고, 그들을 다시 세상 가운데 보내시는 연속된 이야기입니다.

- **아브라함**은 안정된 고향을 떠나 미지의 땅으로 부르심을 받았습니다. "너는 너의 고향과 친척과 아버지의 집을 떠나 내가 네게 보여 줄 땅으로 가라."(창12:1)
- **요셉**은 형제들의 시기와 억울한 누명을 통해 이집트로 보내졌고, 그곳에서 하나님의 뜻에 따라 수많은 생명을 구원하는 자가 되었습니다. "당신들은 나를 해하려 하였으나 하나님은 그것을 선으로 바꾸사…"(창50:20)
- **모세**는 광야에서 부르심을 받아 애굽의 왕 바로 앞에 서게 되었고, 이스라엘 백성을 해방시키는 사명을 맡았습니다.
- 그리고 마침내 **하나님 자신**이 이 땅에 사람의 몸을 입고 오셨습니다. "말씀이 육신이 되어 우리 가운데 거하시

매…"(요1:14)

하나님은 '머무시는 분'이 아니라 '찾아가시는 분'이십니다. 선교는 바로 그 '가시는 하나님'의 본성이 역사 속에 드러난 것입니다.

복음을 들고 떠난 사람들 - 하나님의 이야기 안에 있는 우리의 이야기
이 Missio Dei의 이야기는 오늘도 계속되고 있습니다. 하나님은 여전히 사람들을 부르시고, 보내십니다. 그리고 그 부르심 앞에 응답한 평범한 이들이 하나님의 비범한 도구가 되어갑니다.

- 20세기 중반, 한국의 한 청년은 하나님의 부르심을 받고 동남아의 외딴 섬으로 떠났습니다. 그는 낯선 언어와 문화 속에서 고독과 가난, 때로는 오해와 박해를 견디며 한 마을의 유일한 '복음의 불빛'이 되었습니다. 십수 년의 시간 끝에, 그의 섬김을 통해 그 땅에 첫 교회가 세워졌고, 지금은 그 지역의 젊은이들이 다시 복음을 들고 다른 종족에게 나아가고 있습니다.
- 또 다른 여성 선교사는 의료 기술을 가지고 중동의 분쟁지

역에 들어갔습니다. 언어도 통하지 않고, 예배도 자유롭게 드릴 수 없던 땅에서 그녀는 매일 환자들의 상처를 꿰매며 복음을 꿰맸습니다. 눈물로 드린 수술대의 기도는 어느새 현지 간호사들의 영적 질문으로 열매 맺기 시작했습니다.

이들은 단지 '특별한 사람들'이 아닙니다. 하나님 이야기 안에 자신을 들인 평범한 사람들이었습니다. 단기선교란, 그 하나님의 위대한 이야기에 우리도 참여하는 것입니다. 그리고 그 시작은 '내가 누구냐'가 아니라, '하나님이 누구신가'를 다시 기억하는 데 있습니다.

우리가 떠나는 이유

단기선교는 그 자체가 목적이 아니라, 하나님의 선교 이야기 속에 우리가 '함께 걷는' 여정입니다. 가는 것, 섬기는 것, 그리고 배우는 것 — All of these — 은 우리가 하나님의 '보내시는 본성'에 동참하는 실천입니다.

우리는 단기선교를 통해 :
- 하나님의 선교 이야기를 몸으로 배우고,

- 하나님의 백성들과의 연결을 경험하며,
- 우리의 삶이 더 이상 우리만의 것이 아니라 복음을 위한 그릇임을 깨닫게 됩니다.

하나님의 이야기, 우리의 응답

하나님은 오늘도 이 세상을 향해 나아가고 계십니다. 그리고 그 이야기 속에 우리를 부르십니다. 단기선교는 거대한 하나님의 드라마에 우리가 잠시 무대 위에 등장하는 것입니다. 그러나 그 짧은 등장이, 한 영혼에겐 영원한 복음의 전환점이 될 수 있습니다.

"내가 누구를 보내며, 누가 우리를 위하여 갈꼬?"
이사야 6:8

이 하나님의 물음 앞에, 우리의 대답은 이렇습니다.

"주여, 내가 여기 있나이다. 나를 보내소서."

3
신약에 나타난 하나님의 선교
Missio Dei in the New Testament

・・・・・・

신약의 하나님과 선교

- 하나님의 마음, 예수의 길, 성령의 바람을 따라

우리는 흔히 선교를 말할 때 '복음을 전파하는 것'으로 단순화합니다. 그러나 성경이 말하는 선교는 단순한 확장이 아니라 하나님의 심장을 따라 걷는 **구속사의 흐름**, 그 사랑의 중심으로 들어가는 **하나님의 꿈**입니다. 그 중심에 신약의 하나님, 곧 예수 그리스도의 삶과 십자가, 부활과 성령의 파송이 자리 잡고 있습니다.

1) 족보에서 시작된 선교 - 이방 여인들의 이름

신약은 마태복음 1장의 족보로 시작됩니다. 그러나 이 족보는 우리가 기대하던 경건한 히브리 영웅들의 연대기만이 아닙니다. 오히려 눈을 의심케 할 만큼 '선교적 의도'로 가득 차 있습니다.

다말, 라합, 룻, 우리야의 아내 밧세바 – 이 네 명의 여인은 모두 **이방 여인**입니다. 유대 중심의 계보 속에서 이들의 등장은 **구속사의 중심에 이미 이방 민족을 포함시키신 하나님의 뜻**을 말해 줍니다.

예수 그리스도는 **유대인으로 오셨지만, 이방인을 위한 구속의 줄기도 이미 그 계보 속에 흐르고 있었던 것**입니다. 신약의 하나님은, 처음부터 "너만이 아니라 너를 통하여 열방에게"라는 구속사의 큰 이야기를 펼쳐 오신 분입니다.

2) 오병이어의 기적에 숨겨진 이중 구조 - 자기 백성과 이방인

마가복음 6장과 8장, 두 번의 떡 기적이 등장합니다. 하나는 유대 땅에서 5,000명을 먹이신 사건, 다른 하나는 이방 지역 데가볼리에서 4,000명을 먹이신 사건입니다. 숫자의 차이만 보이지만, 여기에 **복음이 유대인을 지나 이방으로 흘러가는 구조적 상징**이 담겨 있습니다.

첫 번째 기적 후 남은 조각은 12바구니였습니다. 이는 이스라엘의 열두 지파를 상징합니다. 두 번째 기적 후 남은 조각은 7광주리였는데, 이는 구약에서 이방을 상징하던 7민족(신7:1)을 연상케 합니다. 예수님은 **이스라엘의 목자로서의 사역을 넘어서, 세상의 빛으로 오신 메시아**임을 행동으로 보여주신 것입니다. 우리는 예수 그리스도의 공생애 사역 속에서 위대한 하나님의 선교의 이중 구조를 발견하게 됩니다.

3) 12명과 72명 - 선택된 백성과 모든 민족

누가복음 9장에서 예수께서는 12명의 제자들을 보내십니다. 이는 이스라엘 전체를 대표하는 숫자입니다. 그러나 바로 다음 장인 10장에서는 70명을 모든 고을로 보내십니다. 당시 유대 전승에서 세상의 민족 수는 70개로 여겨졌습니다. 예수님의 이 파송 구조 속에서 우리는 **선교의 확장성 - 이스라엘에서 열방**으로의 구속사적 패턴을 봅니다.

하나님의 선교는 **언제나 중심**에서 주변으로, 유대에서 사마리아, 땅끝까지 흘러가는 **보편적 사랑의 운동**입니다.

"이에 예수께서 그들에게 가르쳐 이르시되 기록된 바 내 집은 만민이 기도하는 집이라 칭함을 받으리라 하지 아니하였느냐 너희는 강도의 소굴을 만들었도다 하시며"

마가복음 11:17

4) 성전을 깨끗게 하신 예수님-이방인을 위한 공간을 파괴한 종교 시스템

신약성경에서 예수님께서 분노하셨던 유일한 장면을 기억할 것입니다. 그런데 이 부분에 대한 많은 신학적 해석에 드러나지 않은 부분이 있었음을 보게 됩니다. 예수님께서 분노하신 이유는 성전 안에서의 '상업 활동 자체'가 아니라, **그 상업 행위가 행해졌던 장소** 때문이었습니다. 예수님 시대에 성전 뜰에는 유대인 남성, 여성, 제사장, 그리고 이방인을 위한 구역이 나뉘어 있었습니다. 이방인들은 '이방인의 뜰(Court of the Gentiles)'이라 불리는 특정한 공간에서만 여호와를 예배할 수 있었습니다. 그러나 바로 그 공간이 **환전상과 제물 파는 상인들의 시장으로 바뀌어버렸던 것**입니다.

즉, 유대 종교 권력자들이 **하나님께 예배하러 나아오려는 이방인들의 유일한 통로를 막아버린 것**입니다. 하나님의 집, 곧 성전은 원래 "만민이 기도하는 집"이 되어야 했으나, 유대인들의 배타성과 종교 권력의 탐욕이 그것을 '강도의 소굴'로 만든 것입니다.

5) 고넬료와 거라사의 사람 - 성령의 선교는 경계를 넘는다

사도행전 10장은 충격적 사건으로 가득합니다. 베드로가 환상을 통해 부정하다 여긴 음식을 먹으라는 명령을 받습니다. 그리고 곧장 **로마 백부장 고넬료**를 만나게 됩니다. 고넬료는 의인이지만 유대인이 아닌 이방인이었습니다. 그러나 성령은 **그를 먼저 찾으십니다.** 이 사건은 이방인에게도 성령이 임하심으로, 복음의 경계가 **이스라엘 내부에서 열방으로 확장되는 전환점**이 됩니다.

비슷한 선교의 장면이 거라사의 광인에게도 나타납니다. 마가복음 5장에서 예수님은 바다를 건너 이방인의 땅에서 군대 귀신 들린 사람을 고치십니다. 복음은 유대인만이 아니라, 그 사회가 가장 멀리 있다고 여긴 사람에게도 다가갑니다. 하나님의 선교는 **먼 데 있는 자를 가까이 부르시는 선교**입니다.

6) 가이사랴 빌립보의 고백 - 이방 땅에서 드러난 정체성

"너희는 나를 누구라 하느냐?"라는 예수님의 질문은 **가이사**

라 **빌립보**에서 주어졌습니다. 그곳은 이방인의 거주지로, 로마 황제 숭배의 중심지이기도 했습니다. 예수님은 유대의 거룩한 예루살렘이 아니라, **세속의 중심에서 자신의 정체성을 묻게 하십니다.**

이는 단순한 신앙 고백의 자리를 넘어, **선교적 전환점**이기도 합니다. 예수님은 세상 한복판에서, 세상의 신들 사이에서 당신이 **메시아요 살아계신 하나님의 아들**임을 밝히십니다. 그리고 그곳에서 베드로에게 "교회를 세우리라"는 선언을 하십니다. 이 교회는 경계를 허물며 열방을 향해 나아갈 공동체가 될 것입니다.

7) 오순절 - 언어를 회복하는 선교

사도행전 2장에서의 오순절 사건은 바벨탑 사건의 역전입니다. 창세기 11장에서 하나님은 인간의 교만으로 인해 언어를 흩으셨지만, 이제 성령은 **모든 언어로 복음을 듣게 하십니다.**

여기서 우리는 신약의 하나님이 **선교의 하나님, 즉 혼잡한 세계를 다시 하나로 엮으시는 하나님**임을 봅니다. 선교는 더 이상 민족과 언어의 경계를 묻지 않습니다. 오히려 성령은 그 모든 경계를 넘고, 복음을 **모든 사람의 마음 언어**로 번역하십니다.

신약에서 드러나는 하나님의 선교는 단지 '명령'이 아닙니다.

그것은 **하나님이 얼마나 오래도록 세상을 사랑해 오셨는지에 대한 증거**입니다. 그 사랑은 예수 그리스도의 몸으로, 삶으로, 피와 부활로 나타났고, 성령을 통해 오늘 우리에게 흘러왔습니다.

우리가 선교를 말할 수 있는 이유는, 우리가 먼저 **그분의 선교 가운데서 구원받은 자**이기 때문입니다. **그 사랑이 우리를 부르고, 세상으로 보냅니다.** 그리고 그 사랑은, 오늘도 한 사람의 삶을 통하여, 족보를 바꾸고, 도시에 질문을 던지며, 고넬료를 찾고, 흩어진 언어를 모읍니다.

8) 예수님의 공생애와 사역

예수님의 공생애 사역은 단지 기적과 가르침의 연속이 아닙니다. 그것은 '보냄'이라는 본질적인 선교적 리듬(Missional Rhythm)을 따라 움직였습니다. 주님은 예수님의 공생애에는 흥미로운 패턴이 있다. 초기에는 제자들을 직접 부르시고 가르치셨지만, 곧 그들을 세상으로 보내는 사역자로 세우셨습니다.

마태복음 10장, 예수님은 열두 제자를 파송하십니다. 그들은 유대 마을로 들어가 병든 자를 고치고, 귀신을 쫓고, 천국 복음을 선포해야 했습니다. 이것은 1~2주 정도의 단기 파송이었다는 견해가 지배적입니다.[4]

누가복음 10장에서는 더 확장된 모델을 보여줍니다. 예수님은 70인을 짝지어 보내십니다. 흥미롭게도 이들은 '준비되지 않은' 사역자들이었으며, 예수님의 직접 훈련을 받은 12명과는 달랐습니다. 그럼에도 그들은 실질적인 사역을 감당하며, 복음을 전하고 악한 영을 제어하는 영적 권세를 경험하게 됩니다. 예수님은 이들에게 "수확할 것은 많으나 일꾼이 적다."고 하셨고(눅 10:2), 이는 오늘날 STM을 향한 교회의 명확한 사명 선언문이기도 합니다.

70인의 귀환 후, 예수님은 기뻐 춤추며 말씀하십니다. "내가 사탄이 하늘에서 번개같이 떨어지는 것을 보았노라."(눅10:18)

단기선교의 진정한 의미는 숫자나 성과보다, 하늘의 권세가 땅 위에 임하는 순간들에 있습니다. 자신이 부르신 제자들을 곧 '세상으로 보내는' 자들로 준비시키셨습니다.

(1) 마태복음 10장 : 열두 제자의 첫 단기 파송

예수님의 제자들은 그분의 말씀과 삶을 직접 본 훈련생들이었습니다. 하지만 예수님은 그들을 훈련 속에만 머물게 하지 않으시고, 실제 현장 속으로 파송하셨습니다. "너희가 가면서 전파하여 말하되 천국이 가까이 왔다 하라. 병든 자를 고치며, 죽은 자를 살리며, 나병 환자를 깨끗하게 하며, 귀신을 쫓아내되…"
(마10:7-8)

이 첫 파송은 아마도 몇 주간에 불과한 짧은 여정이었을 것입니다.[5] 그러나 이 단기간의 경험은 제자들에게 '가르침-현장-반추'의 삼중 구조를 통한 깊은 변화를 가져옵니다.

단기선교란 교실 밖에서 복음을 '직접' 배워가는 선교의 학교입니다.

(2) 누가복음 10장 : 70인의 파송 – 평신도 사역의 시작

이 장면에서 예수님은 열두 제자를 넘어 '무명'의 70인을 짝지어 각 마을로 보내십니다.

- 이들은 사역 전문가가 아니었습니다. 예수님의 직접 제자도 아니었습니다.
- 그럼에도 예수님은 그들에게 병을 고치고, 평안을 전하고, 귀신을 제어하는 권세를 부여하십니다.

이 장면은 매우 현대적인 단기선교의 원형이라고 볼 수 있습니다. 교회의 평신도들, 청년들, 여성과 노년의 성도들 모두가 '보냄받는 '자'가 될 수 있음을 시사합니다. "추수할 것은 많되 일꾼이 적으니… 너희를 보내노라."(눅10:2-3) 단기선교는 교회가 추수 현장에 '새로운 일꾼들'을 훈련하고 보내는 중요한 통로입니다.

(3) 선교의 열매는 '사역'보다 '기쁨'

70인이 돌아왔을 때 예수님은 놀라운 말씀을 하십니다. "내가 사탄이 하늘에서 번개같이 떨어지는 것을 보았노라!"(눅10:18)

이 말씀은 단기사역의 열매가 단지 외적인 '성과'가 아닌, 하늘의 권세가 땅 가운데 드러나는 사건임을 말해 줍니다. 즉, 진정한 열매는 사람 수, 세례 숫자, 집회 규모가 아니라, 영적 세계에서의 돌파와 하나님의 기쁨입니다.

예수님의 반응은 전례 없는 기쁨의 표현이었습니다. "그 때 예수께서 성령으로 기뻐하시며 이르시되…"(눅10:21) 그분은 춤을 추듯 기뻐하셨고, 이는 오늘날 단기선교 사역자에게도 동일한 확증입니다. "당신의 작은 순종으로, 하늘이 흔들리고 있다."

① **오늘날의 70인** : 우리가 바로 그들입니다. 아래는 현대의 실제적인 단기선교 경험 중 하나입니다. 한 청년이 아프리

카의 한 초등학교에 단기선교로 파송되었습니다. 그는 교육도, 언어도 준비가 부족했지만 아이들과 눈을 맞추고 이름을 불러주며 하루하루를 보냈습니다. 돌아오는 날, 한 아이가 손에 종이 한 장을 쥐어주었습니다. "형, 나도 예수님을 믿고 싶어요. 형처럼 웃고 싶어요." 이 짧은 일주일이, 한 영혼에게는 영원을 바꾼 시간이 되었습니다.

② **단기선교** : '과정'으로서의 제자훈련신학자 앨런 허쉬(Alan Hirsch)는 이렇게 말합니다. "교회는 본질적으로 선교적이며, 제자훈련은 파송으로 완성된다."[6] 단기선교는 이론의 적용이자, 믿음의 실제이며, 교회가 본래의 사명을 회복하는 훈련의 장입니다.

"가라"는 말씀은 아직 유효합니다.

예수님은 지금도 우리를 부르고 계십니다.

"너희를 보낸다. 가라."

단기선교는 잠시 떠나는 것이 아닙니다. 하나님의 이야기 속으로 한 걸음 더 들어가는 것입니다.

오늘도 주님은 말씀하십니다

"주여, 내가 여기 있나이다. 나를 보내소서."
이사야 6:8

4
사도행전 속 단기사역 : 바울의 전략
Short-Term Mission in the book of Acts : The Apostle Paul's strategy

● ● ● ● ● ●

오늘날 우리는 사도 바울을 흔히 '장기선교'의 대표 인물로 생각합니다. 그러나 바울의 선교 여정을 자세히 살펴보면, 그는 복음 전파의 확장을 위해 매우 전략적인 단기 파송 모델을 선용한 인물이었습니다. 그의 선교 여정은 '빠른 이동, 깊은 뿌리, 지속적인 연결'이라는 세 가지 특징을 지닙니다. 이 세 가지는 오늘날 단기선교(Short-Term Mission, STM)가 지향해야 할 본질적 방향성을 제시합니다.

1) 안디옥에서 시작된 복음의 전략적 확산

사도행전 13장은 기독교 역사상 최초의 '교회 중심 파송' 선교 사건을 기록합니다. "성령이 이르시되 내가 불러 시키는 일을 위하여 바나바와 사울을 따로 세우라 하시니… 이에 금식하며 기도하고 두 사람에게 안수하여 보내니라."(행13:2-3) 이 장면은 바울이 어떤 조직이나 개인의 부름이 아니라, 성령의 음성과 공동체의 분별을 통한 파송을 받았음을 강조합니다. 단기선교 또한 이와 같은 '공동체적 파송' 속에서 의미를 갖게 됩니다. 이는 Missio Dei의 관점에서 교회가 하나님의 사역에 동참하는 출발점으로서 공동체적 파송의 본질을 재확인시켜 줍니다. 선교는 개인의 사명이 아니라, 교회의 존재 이유이며, 성령의 인도 아래 이루어지는 신적 주도성의 참여입니다.

2) 소아시아의 여러 도시들 : 짧지만 강력한 임팩트 바울은 여러 도시를 거치며 놀라운 복음의 열매를 맺었습니다.

그러나 각 도시에 머문 기간은 매우 짧았습니다.

- 빌립보에서는 며칠 안에 루디아의 가정이 회심하고, 간수가 세례를 받고 교회가 시작되었습니다.(행16:14-34)
- 데살로니가에서는 단 3주의 기간 동안 복음을 전했지만, 믿

는 자들이 일어나고 교회가 세워졌습니다.(행17:1-9)
- 고린도와 에베소에서는 상대적으로 오래 머물렀지만, 대부분의 지역은 짧은 체류 후 '현지 지도자 세움 → 편지 통한 지속적 목양'으로 이어졌습니다.

바울의 핵심 전략은 복음의 씨앗을 뿌리고, 현지인이 그 열매를 맺도록 돕는 구조였습니다. 이러한 전략은 Schnabel이 말하듯 "빠르게 움직이면서도 교회를 세우고, 그 교회에 성경적 지침을 남기는 방식"으로 볼 수 있습니다.[7] 선교는 복음의 전달만이 아닌, 자생적 공동체의 형성을 목표로 하며, 이는 단기적인 사역을 통해서도 충분히 가능하다는 통찰을 줍니다.

3) 현지 자립형 공동체 - 단기선교의 핵심 DNA 바울의 사역은 단지 '많은 곳을 돌아다닌' 것이 아니라, 선교의 "자립적 생태계(Ecclesial Ecosystem)"를 구축하는 방식이었습니다.

- 그는 가능한 빨리 현지 지도자(장로)를 세웠고(행14:23),
- 그들과의 관계를 편지, 재방문, 동역자 파송 등의 방식으로 유지했습니다.

- 그는 직접적 통제가 아닌, 성령의 인도와 복음의 능력을 신뢰했습니다.

"우리는 각 사람을 권면하고 모든 지혜로 각 사람을 가르침은 각 사람을 그리스도 안에서 완전한 자로 세우려 함이라."
골로새서 1:28

Roland Allen은 바울의 이 같은 전략을 두고 "그는 사역의 통제권을 자신이 아닌 현지 교회에 맡기며 자생적 성장의 길을 열어주었다."고 평가합니다.[8] 선교학적 관점에서 이는 탈식민주의적 패러다임의 선구적 모델로 해석될 수 있습니다. 오늘날 STM은 단순한 방문이나 일시적 지원이 아니라, 현지 공동체의 주체성을 살리는 방향으로 이루어져야 하며, 이를 통해 '모든 족속으로 제자를 삼는' 복음의 내재화가 가능해집니다.

4) 오늘날 STM, 바울을 본받을 때 오늘날의 단기선교가 성공적이기 위해서는, 단순한 이벤트성 활동이 아닌 복음의 지속 가능성을 내다보는 전략이 필요합니다.

바울처럼 :
- 현지 문화를 존중하고,

- 지역 교회를 세우며,
- 사역의 결과를 공동체에 위임하고,
- 지속적인 관계 맺기를 실천해야 합니다.

Christopher Wright는 바울이 선교지에 교회를 남기고도 사역의 주도권을 넘겼다는 점에서, 하나님의 선교(Missio Dei)의 주체성을 이해하고 있었음을 강조합니다.[9] STM은 하나님의 구속사적 큰 그림 안에서, 순간의 헌신을 통해 지속적 열매를 가능케 하는 '작지만 결정적인 계기'가 될 수 있습니다. 오늘날 디아스포라 공동체, 접근 제한 지역, 전통적인 선교 루트가 차단된 지역에서는 이러한 '신속한 임재형 선교'가 더욱 중요해지고 있습니다.

감동적인 실례

2009년, 한국의 한 교회에서 파송한 단기선교팀이 남아시아의 한 무슬림 마을에 들어갔습니다. 단 10일 동안, 그들은 마을의 우물 보수 작업과 어린이 교육을 도왔고, 저녁마다 지역 청년들과 스포츠를 하며 교제를 나눴습니다. 3년 후, 같은 교회에서 파송된 장기선교사가 그 마을을 다시 찾았을 때, 한 청년이 말했다고 합니다. "형들 덕분에, 우리가 하나님이 진짜 사랑이시라는 걸 느낄 수 있었어요." 그는 이제, 지역 교회의 지도자가 되어 있습니다. 이처럼 STM은 잠깐의 방문이 아니라, 복음의 씨앗이 뿌려지는 성령의 시간입니다.

5) 결론 : 바울의 전략

오늘 우리의 모델 바울은 '모든 곳에 오래 있지 않았지만', 모든 곳에 깊은 복음을 남긴 선교사였습니다. 그는 복음을 맡긴 사람들을 신뢰했고, 성령께서 그 공동체를 자라게 하실 것을 믿었습니다. Allen이 말하듯이, 바울의 선교는 교회를 '성령이 인도하는 공동체'로 세우는 것이었지, 인간의 지휘로 운영되는 체계가 아니었습니다.[10]

오늘날 우리가 바울의 전략을 따른다면, 단기선교도 단발적 행사가 아닌, 영원에 연결되는 선교적 사건이 될 수 있습니다. STM은 하나님의 선교(Missio Dei)에 대한 신학적 헌신을 바탕으로 '단기적 헌신이 장기적 열매로 이어지는' 복음적 흐름의 일부입니다.

"나는 심었고 아볼로는 물을 주었으되, 오직 하나님께서 잘하게 하셨나니…"

고린도전서 3:6

5
성경 속 단기선교 모델들
Biblical models of Short-Term Mission

단기선교는 오늘날 현대 선교신학의 발명품이 아닙니다. 성경 속에는 하나님의 부르심에 짧게 반응했지만, 깊고도 강력한 복음의 역사를 일으킨 인물들이 존재합니다. 이들의 이야기는 단기선교가 단지 시간과 기한에 맞춰진 '짧은 일정'이 아니라, 하나님의 임재에 순종하는 영적 사건임을 보여줍니다. 이로서 다시한 번 선교의 주체는 사람이 아니라 보내시는 하나님 자신임을 우리는 배우게 되어 지는 것입니다.[11]

① **요나** – 억지로 간 선교사, 그러나 하나님의 뜻은 완전했습

니다. 요나는 니느웨로 가라는 하나님의 명령을 듣고도 도망쳤습니다. 그는 선지자였지만, 선교사가 되기를 거부한 자였습니다. 하나님의 뜻은 그를 바닷속으로, 깊은 고통의 자리로 몰고 갔습니다. 결국 물고기 배 속, 절망의 어둠 속에서 그는 기도합니다. "내가 고난 중에 여호와께 불러 아뢰었더니, 주께서 내게 응답하셨나이다."(욘2:2) 그가 니느웨에 도착했을 때, 그의 설교는 단 한 문장이었습니다. "사십 일이 지나면 니느웨가 무너지리라!"(욘3:4) 그 짧은 메시지에 온 성이 회개하고 돌아옵니다. 왕도, 백성도, 짐승까지도 금식하며 하나님 앞에 엎드립니다.

② **신학적 성찰** : 요나의 이야기는 선교의 주체가 인간이 아니라 하나님이심을 보여줍니다. 선교는 우리의 준비보다 하나님의 뜻과 은혜의 시간(타이밍)에 달려 있습니다.[12]

- 적용 : 어느 청년이 말레이시아 단기선교 도중, 문화 충격으로 아무 말도 하지 못한 채 돌아왔습니다. 그러나 1년 후, 현지 교회에서 연락이 왔습니다. "당신이 아무 말 없이 우리 아이들과 앉아 있어 준 그 하루가, 지금 교회 공동체가 자라나기 시작한 씨앗이 되었습니다."

③ 바울 – 전략가형 단기선교사, 성령의 레이더를 따라 움직인 자 바울은 장기 체류형 선교사로 알려져 있지만, 실제 그의 사역은 단기 체류와 장기 연결이 혼합된 복합적 모델이었습니다. 그는 도시마다 짧게 머물며, 복음의 씨앗을 뿌리고, 현지 지도자들을 세운 후 떠났습니다. "그가 회당에서 세 안식일 동안 그들에게 성경을 가지고 강론하며… 예수는 그리스도라고 전하더라."(행17:2-3) 빌립보에서는 루디아의 가정에서 시작된 가정교회가, 간수의 회심으로 이어지며 지역 교회로 자라났습니다.(행16장)

④ 선교학적 통찰 : 바울은 문명 중심지를 선점하고, 도시 네트워크를 통한 복음 확산을 전략적으로 실행했습니다. 바울의 선교모델은 도시선교의 원초적 모델이기도 합니다. 또한 그는 서신서, 제자 훈련, 재방문 등을 통해 지속 가능한 선교 모델을 구축했습니다. 그는 여러 도시들을 이동하며 사역을 하였지만 그가 복음을 전했던 이들, 양무리들과 지속적으로 접촉함으로써 오늘날 선교에 있어서도 가장 중요한 선교적 원리를 우리에게 제시해 주고 있습니다. 즉 "지속 가능한 선교 모델"을 확립하는 것입니다.[13]

- 적용 : 한 선교사가 중앙아시아에 단 2주간 의료선교를 떠났습니다. 그 짧은 기간 동안 그는 현지 의료진에게 기도하며 기본 진료법을 전했고, 이후 한국으로 돌아와 매달 온라인으로 성경을 나누었습니다. 5년 후, 그 공동체는 자립형 기독병원을 설립하게 되었습니다.[14]

⑤ **70인의 제자** – 이름 없는 이들의 파송, 그러나 하늘은 기억한다 누가복음 10장에서 예수님은 70인을 짝지어 각 마을로 보내십니다. 이들은 우리가 아는 제자들처럼 유명하지도, 이름조차 성경에 남지 않았습니다. 그들은 훈련도 짧았고, 사역 경험도 없었습니다. 그러나 예수님은 그들에게 놀라운 권위를 위임하십니다. "병든 자를 고치고 그들에게 말하되, 하나님의 나라가 너희에게 가까이 왔다 하라."(눅10:9) 그들의 복귀 후, 예수님은 성령으로 기뻐 춤추시며 말씀하십니다. "내가 사탄이 하늘에서 번개같이 떨어지는 것을 보았노라!"(눅10:18)

⑥ **선교적 교훈** : 하나님은 완벽한 사람이 아니라, 보냄에 응답하는 사람을 쓰십니다. 단기선교의 가치는 이름에 있지

않고, 하나님이 행하시는 일에 동참하는 데 있습니다. 즉 선교를 디자인하고 전략을 세우시는 이도 하나님 이십니다. 우리는 성령의 부르심에 빠르게 응답하고 순종할 때 하나님이 행하시는 그 분의 이야기(His-story : History)를 써 나가는데 동참하게 되는 것입니다.[15]

- 적용 : 어떤 중년 직장인이 은퇴 후 2주간 몽골의 유목 마을을 방문했습니다. 그는 아이들과 그림을 그렸고, 낮에는 가축 울타리를 손봤습니다. 돌아오기 전, 한 어머니가 그에게 말했습니다. "당신은 우리 마을에 처음 온 이방인이지만, 당신 때문에 우리 아이가 매일 하나님께 기도하기 시작했어요."

⑦ 마무리 묵상

선교는 교회의 선택이 아니라, 하나님의 성품입니다. 하나님은 복음의 증인을 '직업'으로 삼은 자가 아니라, 응답한 자를 통해 세상을 구속하십니다. 예수님도, 바울도, 이름 없는 70인도 그 길을 걸었습니다. 이제, 그 이야기 속에 우리가 들어갈 차례입니다. "주여, 내가 여기 있나이다. 나를 보내소서."(사6:8)

그룹 성경공부 및 토론 질문

1. "Missio Dei"란 무엇이며, 단기선교가 이 하나님의 선교 안에서 어떤 위치를 차지한다고 생각하십니까?

   본문에서 언급된 Missio Dei의 개념(하나님 중심의 선교)을 다시 정리하고, 단기선교가 단순한 프로그램이 아닌 하나님의 구속 역사에 어떻게 동참하는지 토의해보세요.

2. 구약에서 하나님의 선교적 성품은 어떻게 나타났습니까? 이방 민족과의 관계를 통해 하나님은 어떤 메시지를 우리에게 주셨다고 보십니까?

   이사야 56장, 창세기 12장, 출애굽기 19장 등 구절을 중심으로 열방을 향한 하나님의 의도와 구속사의 관점을 나눠보세요.

3. 예수님께서 12제자와 70인을 파송하신 사건(눅9장, 10장)은 오늘날 단기선교에 어떤 모델을 제시합니까?

   예수님의 공생애 속 선교 리듬, 제자훈련과 현장파송의 연계를 중심으로 나눠보세요.

4. 요나, 바울, 이름 없는 70인과 같은 인물들의 단기사역은 우리에게 어떤 교훈을 줍니까? 단기선교에서 가장 중요한 요소는 무엇이라고 생각하십니까?

   '성공적인 사역'보다 '순종'과 '하나님의 주도성'에 대한 강조를 바탕으로 개인적 적용을 나눠보세요.

5. "주여, 내가 여기 있나이다. 나를 보내소서"(사 6:8)라는 고백은 여러분의 삶 속에서 어떤 의미를 갖고 있습니까? 하나님께서 나를 보내실 수 있는 삶의 영역은 어디라고 느끼십니까?

   개인적인 소명과 순종, 삶의 자리에서의 '파송'의 의미에 대해 깊이 있는 나눔을 해보세요.

제3장

단기선교의 목적과 가치
짧은 시간, 영원한 울림

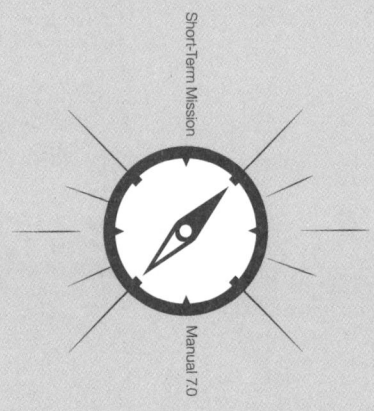

"단기선교는 단지 복음을 나누는 시간이 아니다.
그것은 복음의 무게를 다시 내 영혼이 체험하는 시간이다."

1
하나님 나라의 확장 :
지금 여기서 임하시는 왕국

The expansion of Kingdom of God :
The kingdom breaking in the here and now

엘살바도르의 시골 마을, 뚜르카사(Turcasa).

한 여름, 뜨거운 태양 아래 망치 소리와 아이들의 웃음이 뒤섞여 울려 퍼졌습니다. 한국에서 온 청년 단기선교팀이 마을의 작은 교회를 수리하고 있었다. 한 소녀가 다가와 말했습니다. "우리가 왜 귀한 손님들에게 대접하는 건 줄 아세요? 여러분을 통해 하나님이 우리 마을에 오셨으니까요." 그 말은 짧지만, 신학적으로도 진리였습니다.

하나님 나라는 거대한 시스템의 도래가 아니라, 사람을 통해 '지금 여기에' 임하는 통치입니다. 예수께서 복음을 전파하실 때

선언하셨던 그 유명한 말씀 "하나님 나라가 너희 가운데에 있느니라."(눅17:21)

단기선교는 바로 이 하나님 나라를 공간적으로, 문화적으로, 사회적으로 '확장'시키는 과정입니다. 그것은 무력이나 제도에 의한 지배가 아닌, 복음과 사랑, 그리고 섬김을 통한 하나님 통치의 확장입니다.[1] 존 스토트는 이렇게 말합니다. "선교는 하나님 나라가 이 세상에서 가시적으로 드러나는 통로다."[2]

단기선교가 진정한 선교가 되려면, 우리는 이 '왕국적 시각(Kingdom of God)'을 회복해야 합니다. 그리스도의 복음은 개인을 변화시키는 동시에, 그가 속한 문화와 공동체, 구조와 상상력까지 바꾸는 능력을 갖고 있었습니다. 즉 하나님은 복음을 통하여 한 개인의 구원과 더불어 그가 속한 공동체 안에 하나님의 나라가 확장되고 통치되어 지는 것을 바라신다는 사실을 우리는 기억해야 할 것입니다.

2
공동체의 동원과 훈련
Equipping and mobilizing the community

'가는 이'뿐 아니라 '보내는 이'를 위한 훈련장.

단기선교는 단순히 '누가 현장에 갔는가'로 판단되어서는 안 됩니다. 그 이면에는 한 사람을 파송하기 위해 함께 금식하고, 기도하고, 재정을 헌신하며 보내는 수많은 손길들이 있습니다. 단기선교는 '현장에 간 사람들만의 이야기'가 아니라, '함께 보낸 모든 사람들의 이야기'입니다.

보내는 교회, 훈련의 또 다른 현장

서울의 한 작은 교회는 매년 청년 두세 명을 캄보디아로 단기선교 보내는 일을 이어 왔습니다. 특별할 것 없어 보였던 그 사역은 어느 해, 한 청년의 인생을 바꾸었습니다. 그는 돌아온 후 신학을 공부했고, 5년 뒤 장기선교사로 캄보디아로 다시 돌아갔습니다.

그러나 더 놀라운 변화는 그를 보낸 교회 안에서 일어났습니다. 청년의 파송을 준비하며 교회는 밤마다 기도회를 열고, 교역자와 장로들은 가정 방문 중보를 시작했습니다. 평소 조용했던 집사 한 분은 "이번에는 제가 항공료를 전액 후원하겠습니다."라며 조용히 봉투를 건넸습니다.

파송예배 날, 예배당에는 눈물이 가득했습니다. 모든 성도는 단기선교를 '누군가의 특별한 헌신'이 아니라, 교회 전체의 순종으로 느꼈습니다. 그리고 그해 이후, 이 교회는 매년 선교예산을 늘려가기 시작했습니다. 단기선교는 그 자체로 교회를 선교적으로 훈련하는 학교가 된 것입니다.

"파송은 단지 한 사람을 부르는 일이 아니다. 그것은 전체 공동체가 하나님의 미션에 동참하는 것이다."
— Leanne Dzubinski[3]

단기선교, 공동체 정체성을 흔들다

교회는 선교사를 보내며, 자기 중심적 구조에서 하나님 중심의 구조로 전환됩니다. 이는 단기선교의 놀라운 은혜입니다.

- 주일학교 아이들이 선교지 아동에게 편지를 쓰며 '다른 나라 친구를 위한 기도'를 배우고,
- 중보기도팀은 선교지 시차에 맞춰 밤새 기도하며 영적 전쟁의 전선을 경험하고,
- 장로와 집사들은 재정적 결단을 통해 하나님의 공급하심을 실제로 배우게 됩니다.

단기선교는 성도 한 명의 체험을 넘어, 교회 전체를 '보내는 공동체'로 성숙시키는 영적 전환의 장입니다.

신학적 통찰 : 교회는 선교적 공동체가 되어야 한다

Craig Ott 교수는 이렇게 말합니다: "선교는 교회의 사역 가운데 하나가 아니라, 교회의 존재 이유다."[4]

즉, 단기선교는 선택이 아니라, 본질을 회복하는 훈련입니다.

'보내는 이'도 단기선교의 동역자입니다. 현장에 나가지 않아

도, 우리는 '함께 서 있는 자들'입니다.

> **감동적인 실례**
>
> 2012년, 한국의 한 교회에서 파송된 단기선교팀이 필리핀의 한 오지 마을을 찾았습니다. 나무도 성글게 자라는 붉은 흙길을 따라 도착한 그들은 단 12일 동안, 마을 초등학교의 벽을 수리하고 교실에 칠판과 책걸상을 마련해 주었습니다. 낮에는 마을 아이들과 함께 그림책을 읽고 찬양을 부르며 놀았고, 저녁이 되면 마을 공동 우물가에서 어른들과 나란히 앉아 삶의 이야기를 나누었습니다.
>
> 언어는 다르지만, 그들의 눈빛과 웃음, 정성스러운 손길은 말보다 깊은 진심이었습니다. 어느 날 밤, 팀원 중 한 자매는 마을 할머니의 다친 발을 정성껏 씻고 약을 바르며 기도했습니다. 그 장면을 지켜본 한 십대 소년이 묻습니다. "왜 우리를 위해 그렇게 하세요?" 그녀는 조용히 대답했습니다. "하나님이 당신을 사랑하시기 때문이에요."
>
> 그리고 4년 후, 같은 교회에서 파송된 장기선교사가 그 마을에 다시 발을 디뎠을 때, 마을 광장에는 작은 초막교회가 세워져 있었습니다. 그 교회의 젊은 목회자는 바로 그때 그 질문을 했던 소년이었습니다. 그는 말했습니다. "그 자매의 손길에서, 하나님을 처음 보았어요. 그래서 나도 그런 사람이 되고 싶었습니다."
>
> 이처럼 STM은 잠깐의 친절이 아니라, 복음이 살처럼 다가오는 은혜의 통로입니다. 작은 만남, 짧은 시간이 하나님의 나라를 심는 씨앗이 될 수 있습니다. 그것이 바로 성령께서 일하시는 시간, 하나님의 시간입니다.

적용과 결론

단기선교는 '나갔다 오는 것'이 아니라, 모두가 함께 걸어가는 신앙의 여정입니다.

- 가는 이는 용기 있는 순종자가 되고,
- 보내는 이는 믿음의 후원자가 되며,
- 교회는 하나님의 미션에 응답하는 훈련장이 됩니다.

이 모든 여정은 단 하나의 질문에서 시작됩니다
"주여, 우리가 누구를 보내며, 누가 우리를 위하여 갈꼬?"
이사야 6:8

그리고, 가는 자든 보내는 자든, 이렇게 대답합니다
"주여, 내가 여기 있나이다. 나를, 우리를, 우리 교회를 보내소서."

3
다음세대의 영적 각성
The spiritual awakening of the next generation

'눈이 열린 자, 귀가 열린 자'

"목사님, 저는 이번 단기선교에서 하나님의 음성을 들었습니다. 제 인생이 바뀌었어요." 이 고백은 단지 감정적 열정이 아니라, 하나님이 다음세대를 깨우시는 선교적 부르심의 현장에서 자주 들리는 간증입니다.

단기선교는 단순한 해외 체험이나 봉사활동 그 이상입니다. 특히 청소년과 청년 세대에게 단기선교는 삶의 방향을 바꾸는 영적 전환점이 될 수 있습니다. 그것은 세상의 고통을 목격하고, 복음의 전 세계적 스케일을 체험하며, 하나님의 음성에 귀를 기울이는 거룩한 눈뜸의 순간입니다.

복음의 지평을 넓히는 '선교적 눈뜸'

오늘날 많은 다음세대는 교회 안에서 '나를 위한 복음'만을 듣습니다. 그만큼 MZ세대의 특징은 지극히 개인주의적이고 자기중심적인 문화적 특성을 보여 주고 있습니다. 하지만 단기선교의 현장에서는 이기적인 신앙의 경계가 허물어지고, 고통받는 이웃과 타문화 속 신자들의 신앙을 통해 복음의 우주성과 하나님 나라의 깊이를 경험하게 됩니다.

감동적인 실례
"그날 밤, 아무것도 없는 몽골 천막 교회에서 찬양하던 아이들을 보고 울었습니다. 한국에서 나는 예배가 따분했는데, 그 아이들에겐 예배가 전부였습니다. 하나님은 거기서 제 눈을 열어주셨어요." — **20대 청년, 몽골 단기선교 참가자** "필리핀 농촌 마을에서 드리는 예배, 세상에 예배가 끝난 줄 알았는데 또 다시 예배를 드리는 거예요…. 이 사람들은 시간의 개념이 아니라 예배 가운데 일하시는 성령님의 흐름에 더 민감한 것 같아요…. 설교가 30분이 넘으면 한국에서는 난리가 났었는데 이곳의 교인들은 설교가 한시간이 넘어도 너무 기뻐하고 감사하는 모습이 너무 신기했어요…. 신령과 진정으로 드리는 예배란 이런 예배가 아닐까요?" — **40대 남자 집사, 필리핀 단기선교 참가자**

선교신학적 통찰

Dr. Robert Priest는 STM이 단지 단기간의 행사로 그치는 것이 아니라, 다음세대 리더의 영적 각성과 헌신의 촉진제가 된다고 말합니다.[5] 그의 연구에 따르면, 단기선교 경험자들 중 많은 수가 이후 목회, 장기선교, NGO 사역, 신학교 진학 등으로 인생 방향을 전환한 것으로 나타났습니다.[6]

역사적으로도 다음세대의 각성은 선교운동의 불을 지핀 도화선이었습니다. 대표적인 예로는 19세기 말 미국에서 일어난 'Student Volunteer Movement for Foreign Missions'가 있습니다. 1886년 D. L. 무디의 초청으로 열린 마운트 허몬 수련회에서 시작된 이 운동은, '이 세대 안에 세계 복음화'를 꿈꾸며 수천 명의 젊은이들을 선교지로 파송하는 역사적 흐름을 만들어냈습니다.[7]

한국에서도 1988년 이후 시작된 '선교한국' 운동은, 한국 청년들에게 세계 선교의 비전을 심어준 대표적 운동이었습니다. 서울 신학대학에 모인 수천 명의 청년들은 "주여, 나를 보내소서"라는 고백과 함께 선교적 삶의 여정을 시작했습니다. 그 중 많은 이들이 현재 장기선교사, NGO 리더, 신학교 교수로 섬기고 있습니다.[8]

단기선교, 부르심이 선명해지는 시간

STM은 선교현장을 걷는 체험이면서 동시에 소명을 듣는 공간입니다. 예레미야처럼, '어릴 때부터 부르신 하나님'의 음성을 듣는 자리가 되고, 이사야처럼 "내가 여기 있나이다"라고 응답하는 예배가 그 현장에서 터져나옵니다.

감동적인 실례

"그때는 선교사님이 시리아 난민 캠프에서 사역하던 현장이었어요. 햇볕도, 냄새도, 사람들의 눈빛도 너무 낯설고 두려웠습니다. 그런데 아이 하나가 제 손을 잡고 눈을 맞췄어요. 그 순간, '내가 널 이 아이들 위해 준비했다'는 주님의 음성이 마음에 들려왔어요."
— 신학을 준비 중인 24세 여성

이처럼 단기선교는 단순한 해외 여행이 아닙니다. 그것은 하나님이 사람을 부르시고, 인생을 전환시키시는 사건의 현장입니다.[9]

복귀 이후 : 지속 가능한 변화로 이어지는 STM

STM은 현장에서의 깨달음뿐 아니라, 귀국 이후 삶의 방향성과 비전의 재정립으로 이어질 때 그 진정한 열매를 맺습니다.

- 캠퍼스에서 선교 동아리를 시작한 청년
- 의료 선교의 꿈을 꾸며 간호대 진학을 결정한 고등학생
- 단기선교 후 회심하여 불신 가정의 영적 첫 열매가 된 청소년

이러한 간증은 모두, 선교 현장이 단지 외부의 공간이 아니라, 하나님의 내적 소명이 터져 나오는 영적 무대였음을 보여줍니다.

교육 선교 전문가 Ruth Siemens는 이렇게 말합니다

"단기선교는 인생의 방향키를 하나님께 드리는 시간이다. 그것은 '살아있는 제사'를 드리는 순간이기도 하다."[10]

이 세대에 필요한 것은 '체험'이 아니라 '소명의 자리'

오늘의 청년 세대는 방향을 잃은 시대의 중심에 있습니다. 그러나 하나님은 여전히 이 세대를 부르고 계십니다.'

"내가 말하되 주여, 내가 여기 있나이다. 나를 보내소서."
이사야 6:8

단기선교는 그 부르심에 응답하는 훈련장이며, 하나님이 다음세대를 깨우는 무대입니다. 그곳에서 눈이 열리고, 귀가 열리고, 인생이 열립니다.[11]

4
현지 교회와의 동역 :
나눔이 아닌 연합

Partnership with local church :
Not just sharing, but true unity

"우리는 하나님과 함께 일하는 자들이요, 너희는 하나님의 밭이요 하나님의 집이니라."
고린도전서 3:9

복음의 집은 혼자 짓는 것이 아닙니다. 바누아트섬의 어느 교회 마당에서, 한국의 한 청년이 아이들과 함께 손을 잡고 원을 그리며 찬양을 부르던 장면이 기억납니다. 언어도, 문화도 다르지만, 그 안에는 말로 다하지 못할 공동체의 감동이 있었습니다. 단기선교는 우리가 현지에 무엇을 '해주러' 가는 것이 아니라, 함께 예배하고, 함께 삶을 나누며 '복음의 집'을 지어가는 과정입니다. 그리고 그 집은 오직 '동역'을 통해 지어질 수 있습니다.

1) 바울의 사역에서 배우는 단기선교의 전략적 구조

바울은 선교사이면서 동시에 교회 개척자이자 훈련자였습니다. 그의 선교 여정은 장기와 단기를 넘나드는 유기적 흐름이었습니다. 특히 바울의 1차 선교여행(행13-14장)은 대표적인 단기선교 모델로 볼 수 있습니다.

바울은 사역의 시작점으로 현지 회당(Synagogue)과 공동체를 방문하였습니다. 이는 단기 체류 기간 중 '복음이 이미 역사하고 있는 자리'를 찾아가는 전략이었습니다. 그는 한번도 초대를 받지 않았지만, 그는 담대히 회당을 방문하였고 그 회당은 복음 전도의 시작점이 되었습니다.

그는 복음을 선포한 후 즉시 공동체를 세우고, 지도자를 세워 맡겼습니다.(행14:23) 이는 단기 선교가 장기적 선교 구조를 세우는 출발점이 되어야 함을 보여줍니다. 선교사는 그 곳에서 지속적인 복음전도자가 아니라 복음전도자를 훈련하여 복음전도의 사역이 퍼져 나갈 수 있도록 씨를 뿌리는 자이고, 늘 새로운 곳으로 복음전도를 위해 '떠남과 흩어짐(Scattering)'의 사역을 반복하는 자인 것입니다.

바울은 떠난 후에도 서신과 동역자를 통해 지속적으로 공동체를 돌보았습니다(고전, 갈, 빌 등). STM은 '짧은 방문'이 아니라 '지속 가능한 동역의 시작'이어야 합니다.[12]

2) 단기선교는 동역의 훈련장입니다.

단기선교는 파송된 단기선교팀이 하고 싶은 일을 하는 것이 아니라 요청에서 시작되는 선교를 해야 할 것입니다. 건강한 단기선교는 요청 기반의 선교를 하는 것입니다. 현지 교회가 먼저 사역의 필요를 진단하고 요청할 때, 파송 교회는 그 요청에 응답하는 자세로 준비해야 합니다. 이로써 STM은 '무엇을 할까'가 아니라 '어떻게 함께 할까'를 묻는 여정이 됩니다.[13]

필리핀의 한 마을에서 한 교회의 청년팀은 매년 같은 교회를 방문하며, 3년차부터는 설교와 찬양을 모두 현지 청년들에게 맡기고 자신들은 서포터 역할에 집중했습니다. 마지막 해, 한 현지 청년은 이렇게 고백했습니다. "오늘 우리는 우리가 교회라는 걸 처음 알았어요." 이것이 단기선교팀이 현지교회를 어떻게 동역하며 세울지를 보여주는 소중한 간증인 것입니다.

3) 선교는 문화 안에 뿌리내릴 때 열매를 맺습니다.
- 문화 인류학적 이해

단기선교에서 흔히 발생하는 오류는 현지 문화를 잘 알지 못하고 무의식적으로 판단하거나 한국식 방식을 강요하는 데서 나옵니다. Paul Hiebert는 『Anthropological Insights for Missionaries』에서, 문화는 단지 배경이 아니라 '복음을 해석하는 렌즈'라고 강조합니다.[14]

그러므로 STM은 '문화적 게스트'로 훈련받는 자리입니다. 우리는 가르치기 전에 배워야 하고, 전하기 전에 경청해야 합니다. 이것이 생략될 때 현지교회는 단기선교팀과 연합하며 협력할 수 있는 기회를 갖지 못하고 문화적 우월주의와 일방적인 소통으로 인한 상처의 후유증을 갖게 될 것입니다.

문화에 대한 세심한 경청은 신뢰를 낳고, 신뢰는 복음이 자라나는 토양이 됩니다. 이 신뢰의 기반은 현지 문화에 대한 존중의 태도에서 시작됩니다. 우리는 은연중에 배워 있는 우월적인 태도와 그리고 현지교회와 문화를 얕잡아보고 무시하는 태도들에서부터 벗어나야 할 것입니다.

복음은 현지 언어와 고통, 음악, 리듬, 침묵 속에 역사합니다.

4) 협력적 선교를 위한 세 가지 실천 구조

(1) 요청 기반 협력(Request-Based Cooperation) : 현지 교회가 먼저 필요를 진단하고, 파송 교회는 그 요청에 따라 섬기는 방식입니다. 이는 상호 존중과 신뢰 기반의 구조입니다.[15]

(2) 반복적 관계 모델(Relational Continuity) : 같은 지역을 주기적으로 방문하며 장기적 관계를 맺는 방식입니다. 관계 속에서 복음은 깊어지고, 현지 공동체는 자립적 역량을 갖추어 갑니다.

(3) 토착 리더 위임(Indigenous Leadership Empowerment) : 선교팀은 주도자가 아니라 촉진자가 되어야 합니다. 리더십은 현지 공동체가 주체적으로 갖도록 격려하고 후원해야 합니다. 그리하여 현지교회는 사역의 구경꾼이 아니라 사역의 주인의식을 갖고 보다 적극적인 참여자로 함께 하게 될 것입니다.[16]

5) 결론

건축으로 비유하자면 복음은 함께 짓는 집입니다. 단기선교는 단순히 짧은 사역 일정이 아닙니다. 그것은 복음을 함께 살아내는 공동체를 세우는 일이요, 현지 교회와의 동역 속에서 하나님 나라를 지어가는 것입니다. 우리가 중심이 되는 것이 아니라, 그 땅에 이미 역사하고 계신 하나님을 발견하고, 그 역사에 '함께 참여'하는 것이 단기선교의 참 의미입니다.

우리는 종종 단기선교를 "무엇을 주러 가는 것"으로 오해합니다. 하지만 진정한 STM은 현지 교회의 사역에 '참여하고 연합'하는 것입니다.

한 아프리카 교회 지도자는 이렇게 말했습니다.

"여러분이 우리를 도우러 왔다면, 필요하지 않습니다. 하지만 여러분이 우리와 함께 있으러 왔다면, 환영합니다."

단기선교가 현지 교회에 진정한 유익이 되기 위해선 겸손과 경청, 사전 협력과 지속적 관계가 전제되어야 합니다.[17]

Paul Hiebert는 이를 'Critical Contextualization'이라 부르며, 단기선교가 문화적 지배가 아니라 상호 배우는 관계가 되어야 한다고 강조합니다.[18]

단기선교는 '기부'가 아니라 '연합'입니다. 우리가 가진 것을 나누는 것이 아니라, 서로가 서로에게 배우고 섬기는 하나님 나라의 동역이 되어야 합니다.

6) 마무리 : 선교는 방향이 아니라 정체성이다

단기선교는 '가는 프로그램'이 아닙니다. 그것은 교회의 정체성을 회복하는 영적 사건이며, 하나님 나라의 확장을 위한 공동의 실천입니다. 단기선교를 통해 하나님은 교회를 흔들고, 세대를 일으키며, 민족과 민족을 연결하십니다. 단기선교는 짧지만, 그 짧은 시간이, 영원으로 이어지는 기적이 됩니다.

그룹 성경공부 및 토론 질문

1. 단기선교가 하나님의 나라를 어떻게 '현장' 가운데 확장시킨다고 본문은 말합니까? (눅17:21 참고)
2. 단기선교를 교회 전체의 공동체적 훈련으로 본 관점에 대해 여러분의 교회는 어떻게 적용할 수 있을까요?
3. 다음세대의 영적 각성은 어떤 방식으로 일어날 수 있으며, 단기선교는 그 과정에서 어떤 역할을 감당한다고 생각하십니까?
4. 현지 교회와의 건강한 동역이란 어떤 모습이어야 하며, 요청 기반 선교란 무엇입니까?
5. 문화적 존중과 겸손함은 단기선교에서 왜 중요한 요소이며, 여러분의 선교 경험에서 어떤 도전이 있었는지 나눠보세요.

제4장

단기선교의 위험과 한계
좋은 의도만으로는 충분하지 않다

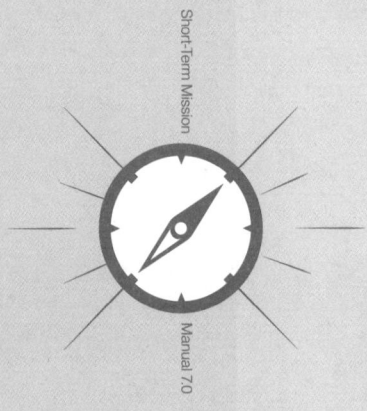

"하나님의 사명을 수행한다는 열정은 존귀하다.
그러나 훈련되지 않은 열정은,
때로는 선교지를 상처 입히는 칼이 될 수도 있다."
— 로널드 블루(Ronald Blue),
Cross-Cultural Ministry 중에서

선교지에서 들려온 편지
A letter from the mission field

"여러분이 떠난 뒤, 아이들은 혼란스러워졌습니다. 매년 바뀌는 팀, 바뀌는 방식, 바뀌는 리더…우리는 그들이 하나님을 섬긴다는 것은 알지만, 그들의 방문이 우리에게 항상 축복이 되지는 않습니다."

이 편지는 동남아시아의 한 선교지 현지 목회자가 보낸 이메일입니다. 그는 수년간 다양한 나라에서 온 단기선교팀을 환영했지만, 매년 반복되는 '의도는 좋지만 준비되지 않은 방문'에 점차 부담을 느끼고 있었습니다.

단기선교는 강력한 사역 수단이 될 수 있지만, 잘못될 경우 그 효과는 파괴적일 수 있었습니다. 이 장에서는 우리가 STM(Short-Term Mission)을 책임 있게 감당하기 위해 반드시 직면해야 할 네 가지 핵심 위험 요소를 다룹니다.

1
문화 제국주의와 우월의식 : 우리 방식이 정답이다?

Cultural imperialism and sense of superiority :
Our method is the answer?

미국에서 온 한 고등학생 선교팀은 남미의 한 오지 마을에서 VBS(어린이 성경학교)를 열었습니다. 아이들을 위해 손수 교구를 만들고, 영어로 노래를 가르치고, 미국식 간식을 나눠주며 열심히 섬겼습니다. 하지만 현지 목회자는 이렇게 말했습니다.

"이 아이들은 영어를 모르고, 햄버거보다 타말레가 좋습니다. 당신들은 우리를 도우러 온 건가요? 아니면 여러분의 문화를 보여주러 온 건가요?"

이 사례는 **'문화 제국주의(Cultural Imperialism)'**의 전형적 예입니다.

선한 의도로 가더라도, **서구적 가치나 자신이 속한 문화의 우월성을 무비판적으로 선교지에 적용**한다면, 이는 오히려 **복음을 왜곡**시키고, 현지인에게 상처를 줄 수 있었습니다.[1]

Paul Hiebert는 "선교란 문화를 넘는 것이며, 복음은 모든 문화 속에서 '번역'되어야 한다."고 강조했습니다.[2]

단기선교는 '복음 번역자'의 자세로 임해야 하며, '문명 전파자'가 되어서는 안 된다.

"진정한 선교는 하나님의 이야기를 그들의 언어로 말하는 것이다."

2
선교지의 의존성 문제 :
누가 주고, 누가 받는가?

Dependency on mission field :
Who is the giver, and who truly recieves?

케냐의 한 마을.

10년째 매년 단기선교팀이 와서 물탱크를 설치해주고, 의약품을 나눠줍니다. 하지만 현지 교회는 독립적으로 운영되지 못하고, 매년 선교팀을 "기다리는 구조"에 익숙해졌다. 한 신학생이 이렇게 말했습니다.

"하나님이 아닌 '미국인'이 우리 문제의 해결사처럼 느껴집니다."

지속적인 외부 지원은 '사랑'처럼 보일 수 있지만, 때로는 '의존성'을 낳습니다. 단기선교가 주는 일시적 도움은, 현지 공동체

의 자립성과 정체성을 약화시킬 수 있습니다.[3]

선교학자 Bryant Myers는 이를 '유지 불가능한 선행(Unhealthy Generosity)'이라 표현하며, "도움이 그들 안의 능력을 무시할 때, 우리는 자기도 모르게 '억압자'가 된다."고 경고합니다.[4]

"지속 가능한 선교란, 그들 없이 우리가 떠나도 그 사역이 지속되도록 돕는 것이다."

3
선교 관광의 유혹 :
은혜를 소비하는 여행자들

The temptations of mission tourism :
Travelers consuming grace

단기선교의 인기 상승은 '기독교 선교 관광(Mission Tourism)'이라는 그림자를 낳았습니다. 의미 있는 헌신보다, **SNS용 사진, 간증거리, 일회성 체험**을 추구하는 문화는 선교를 '영적 체험 상품'으로 전락시킬 위험이 있습니다.[5]

실제로 연구에 따르면, **STM 참가자 중 다수가 1년 이내에 선교적 삶에서 멀어지고,** 선교지를 다시 찾지 않거나 현지 교회와의 관계를 지속하지 못한다는 통계도 있습니다.[6]

그렇기에 STM은 '나를 위한 체험'이 아니라 '하나님 나라를 위한 헌신'이어야 합니다.

"단기선교는 영적 관광이 아니라, 순종의 훈련이다."
— Michael J. Frost

# 4
팀워크와 준비 부족의 위험 :
훈련 없는 열정은 무책임이다

Risk of lack of team-work and preparation :
Passion without training is irresponsible

    단기선교의 실패 사례 중 상당수는, **준비 부족에서 비롯됩니다.** 문화 교육 없이 떠난 팀, 역할 분담 없는 일정, 기도 없이 구성된 팀워크. 이런 팀은 종종 **현지 사역자에게 부담이 되고,** 갈등과 실수를 일으키며, 복음의 문을 닫게 만듭니다.

    예수님조차 제자들을 보내기 전,

    그들에게 훈련을 시키고, 두 명씩 짝지어 보내셨다.(눅10:1)

    단기선교는 '열정'만으로 이뤄지지 않습니다. 반드시 훈련과 준비가 동반되어야 합니다.

John Piper는 이렇게 강조한다.

"하나님의 위대한 일을 하려면, 그분의 말씀으로 철저히 무장하라."[7]

"선교는 무기가 아니라, 깨어진 마음으로 드리는 예배다."

마무리 : 위험은 피할 수 없다. 그러나 준비할 수는 있다.

모든 선교에는 위험이 있습니다.

문화 충돌, 감정적 상처, 현지인의 반감, 영적 교만 …

그러나 **하나님의 부르심은 위험보다 크며, 그분의 은혜는 우리의 허물을 덮습니다.**

진정한 STM은 단순한 봉사가 아니라, **훈련된 겸손과 공동체 중심, 지속 가능한 사역과 성육신적 섬김을 향한 여정**입니다.

그룹 성경공부 및 토론 질문

1. 단기선교에서 문화적 민감성과 문화 제국주의의 경계는 어떻게 구분될 수 있을까요?

2. 단기선교가 현지 교회에 의존성을 초래하지 않도록 하기 위한 방안은 무엇입니까?

3. '선교 관광'이라는 비판에 대해, 우리는 어떻게 단기선교의 본질을 회복할 수 있을까요?

4. 예수님이 제자들을 파송 하시기 전에 하신 준비와 훈련은 오늘의 단기선교 훈련에 어떤 의미를 줍니까?

5. 단기선교팀이 철저히 준비되지 않았을 때 생길 수 있는 문제점과 그것을. 예방하는 실제적인 전략은 무엇일까요?

제5장

단기선교와 선교신학

"복음을 품고 문화를 건너는 사람들"

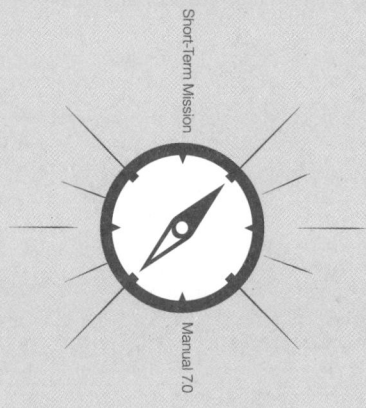

"복음은 절대적이다.
그러나 항상 어떤 언어, 어떤 문화, 어떤 옷을 입고 온다."

— 앤드류 월스(Andrew F. Walls),

『The Missionary Movement in Christian History』

중에서

1
복음과 문화 :
변증과 번역의 긴장 속으로

Gospel and culture :
Entering the tension between Apologetics and Translation

하나의 STM 팀이 남아시아의 한 이슬람 지역에 파송되었습니다. 그들은 열정적으로 복음을 전했고, 한 가정이 예수를 영접했습니다. 그러나 팀이 떠난 후, 그 가정은 지역 사회로부터 고립되었고, 현지 교회와의 연계도 없었습니다.

그들의 복음은 번역되지 못한 채, 문화적 오해 속에 남겨졌습니다.

복음을 전한다는 것은 단지 메시지를 '말하는 것'이 아닙니다. **그 문화가 이해하고 받아들일 수 있도록 '번역하는 것'입니다.**

이것이 **선교적 변증**의 핵심입니다. 진리를 훼손하지 않으면서

도, 그 문화 속에서 설득되게 만드는 것.[1]

Andrew F. Walls는 이렇게 말했습니다.

"복음은 한 번도 문화 없이 존재한 적이 없으며, 또한 한 문화 안에만 머무른 적도 없다."[2]

단기선교는 이 긴장 위에 서 있습니다.
'절대적 복음'을 '상대적 문화'속에 담아 전달하는 기술과 태도를 배워야 합니다.

"문화는 복음의 적이 아니다. 복음이 걸어갈 다리다."

2
현지 교회 중심 선교 모델 : 함께 세워지고, 함께 걷는다

A local church-centered mission model :
Built together, Working together

라이베리아의 수도 몬로비아. 한국에서 온 단기선교팀이 현지 교회를 돕기 위해 도착했습니다. 하지만 모든 프로그램과 설교, 찬양, 심지어 식단까지 일방적으로 한국식으로 운영되었습니다. 결국 현지 교회의 지도자는 이렇게 말했습니다.

"우리는 함께 일하길 원했는데, 여러분은 혼자 일하러 오셨군요."

선교는 **'동역'의 언어를 배워야 합니다.**

특히 STM은 **현지 교회가 중심이 되는 선교 모델**을 따를 때에만 지속 가능성과 진정성을 확보할 수 있습니다.[3]

Samuel Escobar는 '교회는 선교를 위한 도구가 아니라, 선교 그 자체다'라고 말한다.[4]

즉, 우리가 STM을 통해 세우려는 것은 프로그램이나 구조물이 아니라, **하나님의 사람들로 세워진 공동체입니다.**

단기선교는 선교지가 아닌, **현지 교회와의 연합**을 목표로 삼아야 합니다. 우리가 "하나님을 전하러 간다."고 할 때, 그분은 **이미 그 땅에서 일하고 계신 분**이라는 것을 기억해야 합니다.

"선교는 '내가 시작하는 것'이 아니라, '하나님이 이미 시작하신 것에 참여하는 것'이다."

3
전도, 교육, 봉사의 균형 :
한 손에 복음, 다른 손에 사랑

Balance of evangelism, education, and service :
The gospel in one hand, love in the other

라오스의 한 산촌 마을.

단기선교팀은 학교에서 복음을 전하고, 아이들에게 간식을 나눴습니다. 그러나 어느 날 현지 목회자는 조용히 말했습니다.

"당신들이 오면 아이들은 교회를 '먹을 수 있는 곳'이라 생각합니다."

단기선교는 종종 **봉사 중심**, 혹은 **전도 중심**, 혹은 **교육 중심** 중 한쪽으로 치우치기 쉽습니다. 그러나 선교신학은 선명하게 말합니다.

복음 전파(Kerygma), 제자 훈련(Didache), 섬김(Diakonia)

은 결코 분리될 수 없습니다.[5]

Christoph Schwöbel는 "복음은 말해져야 하고, 살아져야 하며, 가르쳐져야 한다."고 말했습니다.

STM은 이 세 요소의 **신학적 균형**을 이뤄야 합니다.

영역	설명	주의점
전도	구원의 메시지 선포	문화와 언어의 적절한 번역 필요
교육	성경공부, 제자훈련	단기임을 고려한 후속 연결 구조 필요
봉사	의료, 건축, 구제 등	의존성이 아닌 역량강화로 전환해야

"복음을 말할 때는 예수처럼,
복음을 가르칠 때는 성령처럼,
복음을 섬길 때는 제자처럼 하라."

4
선교지의 관점에서 바라본 STM :
그들은 우리를 어떻게 기억하는가?

STM from the perspective of the mission field :
How do they remember us?

한 아프리카 청년이 말했습니다.

"그들이 떠난 후 남은 것은 사진과 티셔츠뿐이었습니다. 하지만 어느 팀은 매년 같은 시기에 돌아왔고, 저희 목사님과 대화하며 우리를 제자 삼았습니다."

선교신학은 '보내는 이의 시선'이 아니라, '받는 이의 시선'에서 선교를 재정의하도록 도전합니다.

John Mbiti, 유명한 아프리카 신학자는 이렇게 말합니다.

"우리는 더 이상 서구의 가르침을 그대로 받지 않는다.
우리는 함께 질문하고, 함께 하나님을 찾아간다."[6]

STM이 진정한 선교가 되기 위해서는
"우리가 무엇을 했는가"보다, "그들이 우리를 통해 하나님을 더 사랑하게 되었는가"를 질문해야 합니다.
선교는 **이미 그 땅에 계신 하나님을 발견하도록 도와주는 일**입니다.
그리고 STM은 그 여정의 짧지만 의미 있는 걸음입니다.

결론 : 신학이 없는 선교는 위험하고, 선교 없는 신학은 무기력하다

단기선교는 단지 일회성 이벤트가 아닙니다.
그 안에는 하나님의 선교(Missio Dei), 복음과 문화의 긴장, 교회의 본질, 제자도와 섬김의 신학이 담겨 있습니다.

STM은 잘 설계되면, 복음을 살아있는 현실로 번역하고, 하나님 나라를 현지 공동체와 함께 이루는 **거룩한 여정**이 될 수 있습니다. 그러나 종종 다양한 경험과 훈련이라는 명목으로 교회들은 일회성, 단일 프로그램으로 단기선교를 운영하는 경우가 많이 있기에 참석자들이 실질적으로 타문화의 깊은 이해를 하고 경험할 수 있는 기회를 상실하기가 쉽습니다.

"단기선교는 '하루의 헌신'이 아니라, 평생의 선교 여정으로 부르시는 하나님의 입구이다."

그룹 성경공부 및 토론 질문

1. **"복음은 한 문화를 떠나 다른 문화로 옮겨질 때 어떤 도전과 오해가 생길 수 있을까요?"**
   사도행전 17:22-23 "바울이 아레오바고 가운데 서서 말하되… 내가 두루 다니며 너희가 위하는 것들을 보다가 알지 못하는 신에게라고 새긴 단도 보았으니…"
   → 바울이 아테네에서 문화적 배경을 고려해 복음을 전한 장면을 나누며, 단기선교에서 복음을 '번역'하는 자세가 무엇인지 토의해보세요.

2. **"단기선교는 '혼자 하는 일'입니까, '함께 세워지는 일'입니까?"**
   고린도전서 3:6-9 "나는 심었고 아볼로는 물을 주었으되… 우리는 하나님의 동역자요…"
   → 현지 교회와의 협력 없이 이뤄진 STM의 부작용 사례를 나누고, 하나님 나라의 관점에서 '동역'의 의미를 생각해봅니다.

3. **"복음 전도, 제자 훈련, 봉사의 균형은 어떻게 이루어져야 할까요?"**
   마태복음 4:23 "예수께서… 가르치시며 천국 복음을 전파하시며 백성 중의 모든 병과 모든 약한 것을 고치시니…"
   → 예수님의 사역 3요소(전도, 교육, 봉사)가 STM에 어떻게 적용될 수 있는지 구체적인 사례로 나눠보세요.

4. **"내가 떠난 후, 그 땅의 사람들은 나를 어떻게 기억할까요?"**
   마태복음 5:16 "이같이 너희 빛이 사람 앞에 비치게 하여… 너희 아버지께 영광을 돌리게 하라"
   → STM 이후 현지인들이 경험하는 진정한 변화는 무엇인지, '기억에 남는 선교'의 본질을 생각해보세요.

5. **"하나님은 선교지에 내가 오기 전에도 일하고 계셨다는 사실을 실제로 느낀 적이 있습니까?"**
   요한복음 5:17 "예수께서… 내 아버지께서 이제까지 일하시니 나도 일한다"
   → 단기선교가 '하나님의 일에 동참하는 것'임을 인식한 경험이나, 그런 인식을 방해했던 요소는 무엇인지 나눠보세요.

6. **"단기선교는 나에게 어떤 부르심의 시작이 되었습니까?"**
   이사야 6:8 "내가 또 주의 목소리를 들은즉… 내가 여기 있나이다 나를 보내소서"
   → STM이 인생의 부르심이나 장기적인 사역으로 이어질 수 있는 '선교적 입구'임을 어떻게 경험하고 있는지 나눠보세요.

제6장

문화 이해와 인류학적 접근
하나님의 복음이 문화의 옷을 입을 때

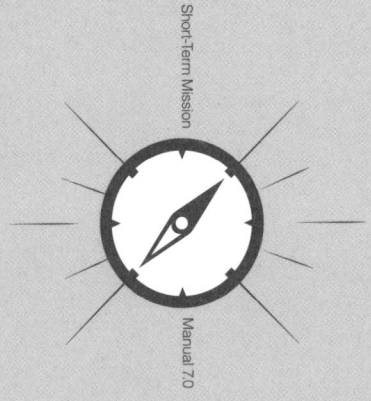

"복음은 문화 위에 서 있지만, 문화를 통해 다가온다."
— Paul G. Hiebert

1
타문화 이해를 위한 기본 개념
Basic concepts for understanding other cultures

"다른 것은 틀린 것이 아니다."

2004년, 한국의 한 단기선교팀이 인도네시아의 외딴 마을에 도착했습니다. 그들은 현지인을 도우려는 진심 어린 마음으로 학교에서 음악 예배를 열고, 아이들에게 춤과 율동을 가르쳤습니다. 하지만 사역 후, 현지 교회 목사는 조심스럽게 말했습니다.

"이 아이들은 드럼과 큰 몸짓이 무당 제의와 비슷해 두려워합니다. 예배가 아니라 제의처럼 느껴졌습니다."

이 사례는 단기선교 사역자들이 얼마나 쉽게 **자신의 문화적**

기준을 '**보편적 기준**'으로 오해하는지 보여줍니다.

문화에 대한 무지가 복음의 전달을 방해한 것입니다.

타문화를 이해한다는 것은 **다름을 인정하고, 그 안에서 하나님의 형상을 발견하는 훈련**입니다.

문화는 단순한 외적 관습이 아니라, **사람이 세계를 이해하고 하나님을 경험하는 렌즈**이기 때문입니다.[1]

"선교는 문화적 겸손의 첫걸음이다."

문화를 이해하는 여섯 가지 요소

- **문화 인류학적 통찰** : Sherwood G. Lingenfelter는 문화 이해를 위해 여섯 가지 핵심 요소를 제시했습니다.[2] 이 틀(Frame or structure)은 단기선교사가 문화적 겸손으로 현지를 이해하는 데 중요한 나침반이 될 것입니다.

문화적 이해의 6가지 요소는 단기선교와 같은 선교적 맥락에서 중요한 역할을 합니다. 이 요소들을 각각 심층적으로 해석하고, 선교적 관점에서 그 의미와 적용을 살펴보겠습니다.

1) 세계관(Worldview) : 인간 존재, 삶의 의미, 죽음 이후 등 근본적인 질문에 대한 해석 구조

세계관은 우리가 세상을 어떻게 바라보고 이해하는지에 대한 기초적인 틀을 제공합니다. 이는 인간 존재의 의미, 삶의 목적, 죽음 이후의 삶에 대한 기본적인 질문에 대한 해석입니다. 선교적 관점에서, 문화적 세계관의 차이를 이해하는 것은 필수적입니다. 선교사는 다른 문화권의 사람들에게 복음을 전할 때, 그들의 세계관을 존중하고, 이를 통해 어떻게 복음을 전달할 것인가를 고려해야 합니다. 예를 들어, 서구 사회에서는 개인주의적 세계관이 일반적이지만, 많은 비서구 사회에서는 공동체 중심의 세계관이 지배적입니다. 이는 사람들이 자신과 세상, 그리고 하나님과의 관계를 어떻게 이해하는지에 영향을 미칩니다. 선교사는 이러한 세계관의 차이를 인식하고, 그 안에서 복음을 어떻게 전달할 것인지를 신중히 고민해야 합니다.

2) 가치(Value) : 무엇을 중요시하는가? 시간, 돈, 관계, 명예 등에 대한 우선순위

가치는 한 사회가 중요하게 여기는 것입니다. 각 문화는 사람들이 무엇을 가장 중요한 것으로 여기는지에 대한 기준을 다르게 설정합니다. 예를 들어, 서구 사회에서는 시간과 효율성을 중요시하는 반면, 많은 아시아 문화에서는 사람과의 관계를 우선시합니다. 이는 단기선교팀이 현지 사회와 교류할 때 영향을 미칠 수 있습니다. 선교사는 현지 문화의 가치를 존중하면서도, 복음의 가치가 어떻게 이들 문화와 접목될 수 있는지 고민해야 합니다. 예를 들어, 복음을 전할 때 사람들에게 '효율성'이나 '시간'을 강조하는 것보다, '관계의 중요성'이나 '하나님과의 동행'을 강조하는 것이 더 효과적일 수 있습니다. 문화적 가치의 차이를 이해하고 이를 바탕으로 선교 전략을 세우는 것은 선교의 성공에 중요한 영향을 미칩니다.

3) 신념(Belief) : 병, 죽음, 자연, 신령 등에 대한 설명 체계

신념은 한 사회나 문화에서 질병, 죽음, 자연, 신령 등에 대해 어떻게 해석하고 설명하는지에 대한 체계입니다. 많은 전통적인 문화에서는 병이나 죽음이 초자연적인 원인이나 조상의 저주 때문이라고 믿습니다. 예를 들어, 아프리카나 아시아 일부 지역에서는 질병을 신령적인 존재나 조상의 저주로 설명하는 경우가 많습니다. 선교사는 이런 신념 체계를 이해하고, 그 문화에서 어떻게 복음을 전할 수 있을지 깊이 고민해야 합니다. 예를 들어, 예수님이 질병을 치유하셨다는 사실을 강조하면서, 하나님이 주시는 치유의 은혜와 사랑을 전달할 수 있습니다. 신념의 차이를 인정하고 존중하는 한편, 복음이 문화와 신념 체계에 어떻게 부합하는지 알아내는 것이 선교에서 중요한 과제가 됩니다.

4) 규범(Norm) : 바람직한 행동 기준

규범은 어떤 행동이 사회적으로 받아들여지고 바람직한 것으로 여겨지는지를 나타내는 기준입니다. 각 문화마다 다양한 규범이 있으며, 이러한 규범은 사람들의 일상 생활과 사회적 상호작용에 큰 영향을 미칩니다. 예를 들어, 아시아에서는 연장자에게 존경을 표하는 규범이 강하게 자리잡고 있으며, 서구 문화에서는 보다 평등주의적 접근이 강조됩니다. 선교사들은 현지 문화의 규범을 이해하고 그에 맞춰 행동해야 합니다. 예를 들어, 현지에서 선교활동을 할 때, 팀원들이 예의와 규범을 지키는 것이 중요합니다. 복음을 전할 때도 현지 사람들에게 '권위를 존중하는' 방식으로 접근하는 것이 효과적일 수 있습니다.

5) 행동양식(Behavior) : 일상 속에 반복되는 습관화된 행위

행동양식은 각 문화에서 사람들이 일상적으로 행하는 습관적인 행동을 말합니다. 이는 단기선교에서 문화적 차이를 실질적으로 느끼는 부분이기도 합니다. 예를 들어, 손님을 대접하는 방식, 말하는 거리감, 시선 맞추기 등이 문화에 따라 다를 수 있습니다. 선교사들은 이러한 행동양식을 존중하고, 현지 사람들의 일상적인 행동을 이해하려는 노력이 필요합니다. 복음을 전할 때, 상대방의 행동양식을 이해하고 그 안에서 존중과 사랑을 표현하는 것이 중요합니다. 이러한 작은 차이를 이해하고 받아들이는 것만으로도 복음의 메시지가 더 효과적으로 전달될 수 있습니다.

6) 상징(Symbol) : 특정한 의미를 내포한 상징체계

상징은 문화 내에서 특별한 의미를 가지는 시각적 또는 행동적인 기호입니다. 예를 들어, 색깔, 의복, 제스처, 의식행위 등은 각 문화에서 중요한 상징적 의미를 가질 수 있습니다. 선교에서 상징은 큰 역할을 합니다. 예를 들어, 성찬식이나 물세례는 기독교에서 중요한 상징이지만, 다른 문화에서 이런 의식들은 다르게 이해될 수 있습니다. 선교사는 현지 문화를 이해하고, 그 문화에서 어떤 상징들이 중요한지를 파악하여 복음을 효과적으로 전달할 수 있는 방법을 고민해야 합니다. 상징을 통한 복음의 전달은 그 문화의 의미체계를 존중하면서도 하나님의 메시지를 적절히 표현할 수 있는 중요한 방법입니다.

문화적 이해는 단기선교의 성공에 매우 중요한 요소입니다. 위에서 언급한 6가지 요소(세계관, 가치, 신념, 규범, 행동양식, 상징)는 각 문화가 어떻게 형성되고 그 안에서 복음이 어떻게 전해질 수 있는지를 이해하는 데 중요한 역할을 합니다. 선교사는 이러한 문화적 요소들을 존중하고 이해하면서, 그 문화 안에서 하나님의 복음을 어떻게 효과적으로 전할 수 있을지 고민해야 합니다. 복음은 단순히 메시지를 전달하는 것이 아니라, 문화 속에 깊이 스며들어 그 사람들의 삶을 변화시키는 것입니다. 문화적 이해를 바탕으로 한 선교는 하나님 나라의 확장을 위한 중요한 열쇠입니다.

단기선교팀은 이 여섯 가지 요소에 대해 사전 학습을 하고, 현지의 관점에서 복음을 표현하고 살아내는 법을 모색해야 합니다.

2
인류학적 경청 :
문화 상대주의 vs 성경적 절대주의

Anthropological listening :
Cultural relativism vs Biblical absolutism

단기선교에서 가장 자주 맞닥뜨리는 긴장은 이것입니다.

"그들의 문화는 존중해야 하지만, 그렇다고 잘못된 것을 그냥 두어야 할까?"

문화 상대주의는 모든 문화에 동등한 가치를 부여하며, 문화 내부 기준으로만 평가하려 합니다. 반면, 성경적 절대주의는 모든 문화 위에 있는 하나님의 진리를 전제로 한다.

STM은 이 양극단 사이에서 균형을 잡아야 한다.

폴 히버트의 '비판적 상황화(Critical Contextualization)'

문화와 복음의 충돌 속에서 선교가 빠지기 쉬운 오류는 두 가지입니다. 하나는 서구 중심의 시각으로 현지 문화를 배제하고 복음을 주입하는 '비문화화'이며, 다른 하나는 복음의 본질을 희생하면서까지 현지 문화를 무비판적으로 수용하는 '과문화화'입니다.

Paul G. Hiebert는 이러한 긴장을 해결하기 위해 '비판적 상황화(Critical Contextualization)'를 제안했습니다. 그는 단순히 문화를 수용하거나 거부하는 것을 넘어서, 해당 문화를 성경의 빛 아래에 세워 분석하고, 공동체 스스로가 그 문화를 성찰하며 복음적으로 재구성하는 과정을 강조했습니다.[3] 이는 외부의 선교사가 아닌 현지 공동체가 주체적으로 참여하는 상황화 모델이라는 점에서 실천적 신학으로서의 의의가 큽니다.

히버트는 특히 선교 인류학과 신학을 통합하며 '영적 실재에 대한 이중 인식'을 주장했습니다. 이는 과학적 세계관과 영적 세계관이 충돌하는 선교지 현실 속에서, 현지인의 삶과 신앙을 온전히 이해하고 존중하며 복음을 전할 수 있는 통합적 통찰을 제시한 것입니다.[4]

오늘날 단기선교의 훈련 과정에서도 이 '비판적 상황화'는 매우 중요한 개념입니다. 단기선교 참가자들은 각자의 문화적 렌즈를 의식하고, 상대 문화의 고유성을 배우며, 복음을 그 안에 심는 지혜를 훈련받아야 합니다. 이는 단기선교를 일방적 봉사가 아닌 상호배움과 복음적 변혁의 장으로 이끄는 핵심 통찰이 됩니다.

Paul Hiebert는 이 긴장을 **'Critical Contextualization(비판적 상황화)'**로 해결할 수 있다고 말합니다.[5]

즉, 문화를 무조건 비판하거나 무조건 수용하는 것이 아니라, **성경의 빛 아래 그 문화를 해석하고 새롭게 구성하는 것**입니다.

> "성육신은 단지 복음의 메시지를 인간의 언어로 바꾼 사건이 아니다. 그것은 하나님이 우리 문화 속으로 들어오신 선언이었다."
> — Andrew F. Walls[6]

선교적 경청은 단지 들리는 것을 듣는 것이 아니라, 그 이면의 의미와 영적 맥락을 듣는 태도다.

3
현지 문화에 대한 존중과 배움
Respect and learning about local culture

"우리는 복음을 들고 간다. 그러나 하나님은 이미 그곳에 계셨다."

단기선교의 패러다임은 "가르치는 자"에서 "함께 배우는 자"로 바뀌어야 한다. 서구 중심의 선교 역사는 자주 **'문화 우월성'을 복음과 혼동**해왔다. 하지만 진정한 선교는 **서로의 문화 안에서 하나님을 발견하는 여정**이다.[7]

아프리카의 어느 마을에서는 성찬식 때 포도주 대신 **야자수 수액**을 사용한다.

처음에 이를 '이단적'이라 판단했던 STM 팀은, 후에 이것이 **그 지역에서 가장 순수하고 귀한 음료임을** 깨달았다. 그들에게 야자수 수액은 **포도주의 의미를 가장 적절히 '번역'한 표현**이었다.

> "진정한 선교는 문화 간 번역의 예술이다."
> — Lamin Sanneh[8]

STM은 문화의 외양이 아니라 **그 속에 담긴 의미와 가치를 해석할 줄 아는 영적 민감성을 훈련받는 자리**다.

4
문화 충격과 적응에 대한 훈련
Training for culture- shock and adaptation

"그 나라의 언어를 배우기 전에, 그 마음의 언어를 배워라."

단기선교는 단순한 일정과 행사의 수행이 아닙니다. 그것은 타문화 속에서 하나님의 형상으로 다시 빚어지는 은혜의 여정입니다. 그것은 익숙함을 내려놓고, 낯선 환경 속으로 들어가며, 자신의 안전지대를 떠나는(창12:1-3), 그래서 우리는 복음을 말로만이 아니라 존재로 살아내야 하는 도전을 받게 됩니다. 그 핵심에는 '문화충격(Culture Shock)'이라는 영적 성장의 도구가 있습니다.

1) 문화충격은 낯섦에서 오는 해체의 은혜

　문화충격은 그저 낯선 음식을 먹고 언어가 통하지 않아 당황하는 정도의 문제가 아닙니다. 그것은 우주비행선을 탄 우주인이 대기권을 벗어 날 때 오는 충격처럼 자신이 지금까지 경험해 보지 못한 미지의 세계를 향해 진입할 때 오는 어쩌면 너무나 자연스러운 현상일 수 있지만 그러나 그 사람이 받은 충격은 가히 표현하기 어려운 낯섦에서 오는 새로운 경험입니다. 그것은 한 사람이 살아온 삶의 틀, 즉 세계관과 가치 체계가 송두리째 흔들리는 사건입니다. 문화충격은 신체적 불편함 이전에 존재론적 충격입니다. 우리는 선하고 옳다고 믿어온 방식들이 새로운 문화 안에서는 전혀 받아들여지지 않음을 경험하며, 자기 자신을 다시 보게 됩니다.

　Kalvero Oberg는 문화충격을 네 단계로 나누어 설명했습니다.
① **허니문 단계(Honeymoon)** : 새로운 문화에 대한 기대감과 흥미가 충만한 시기입니다. 마치 신혼여행을 떠난 신혼부부처럼 낯 설음 자체가 너무나 흥미롭고 새로운 감흥을 일으켜 내는, 모든 것이 신선하게 느껴지고, 마치 탐험가의 기분으로 사역에 임하게 되는 단계입니다. 그리고 현지

문화의 차이와 다름이 이 단계에서는 신비로움과 그리고 흥미와 관심의 촉발점이 됩니다. 그야 말로 관광객과 같은 단계입니다.

② **적대감 단계(Hostility)** : 이 단계는 허니문 단계를 벗어나 마치 현실인식을 하는 사람처럼, 언어로 인한 소통의 어려움, 식사로 인한 신체적인 부적응, 시간 개념, 위생 등에서 적응의 한계를 경험하고, 부정적인 감정이 폭발하는 시기를 말합니다. 짧은 여행에서는 느끼지 어렵지만 한 문화에 6개월 이상 체류하게 될 때부터 다름이 이제는 흥미로움이 아니라 불편함으로 인식되고, 자국의 문화가 더 우월하다는 우월감이 드러나기 쉬우며 끊임없이 자국과 체류하는 문화와 환경을 비교하기 시작하는 단계입니다. 신비로웠고 흥미로웠던 감흥은 사라지고, 본국과의 차이가 오는 불편함이 직접적으로 느껴지게 되고 모든 것을 한국과 현지를 비교하는 부정적인 감정을 경험하는 단계입니다. 특별히 교통체계, 통신체계, 언어를 소통하는 매너, 음식 등에 대한 불평을 제일 많이 하고 비교하게 되는 경향을 보입니다.

③ **조정 단계(Adjustment)** : 점차 타문화를 이해하려는 시도가 생기며, 반복되는 일상 속에서 서서히 안정감을 느끼게 됩니다. 그리고 본국과의 차이를 조금 더 객관적으로 바라보에 되며 차이는 어느 것이 더 좋고 나쁨이 아니라 서로 다른 해석과 접근하는 방식의 차이임을 깨닫게 됩니다. 그리고 사물을 인식하는 데에 있어서 비교적 관점이 아니라 객관전으로 바라보고 인식하게 되는 단계라 말할 수 있을 것입니다.

⑤ **적응 단계(Adaptation)** : 현지 문화의 일부를 자연스럽게 받아들이고, 타문화에 대한 존중이 정서적으로 정착되는 단계입니다. 이때는 보다 성숙한 단계로서 현지 문화를 존중할 뿐 아니라 즐기게 되고 안정감을 느끼게 되는 단계입니다. 이제는 현지의 문화가 더 편하고 익숙하게 느껴지는 단계입니다. 오히려 한국으로 돌아오게 되면 역문화충격(逆文化衝擊)을 느끼게 되는 단계일 수 있습니다. 해외에서 장기간 체류하거나 사역을 마친 후, 본국(고국)으로 돌아왔을 때 익숙했던 문화가 낯설게 느껴지고 적응에 어려움을 겪는 심리적·문화적 충격을 의미합니다.

선교학에서는 다음과 같이 쓸 수 있습니다.

장기 선교를 마치고 귀국한 선교사들이 종종 겪는 **역문화충격**은 선교 사역 후속 돌봄(Care)의 중요한 이슈 중 하나가 됩니다.

많은 단기선교 참가자들은 2단계와 3단계 사이에서 좌절을 겪고 귀국합니다. 그러나 선교는 4단계의 성숙함으로 나아가야만 열매를 맺을 수 있습니다.

① **문화충격의 신학적 이해** : 문화충격은 단순히 문화적 차이에서 오는 불편함을 넘어, 인간의 정체성과 복음 해석 방식에 깊은 영향을 미친다는 점에서 중요한 신학적이고 문화인류학적인 문제입니다.

Paul Hiebert는 문화충격이 단기선교뿐 아니라, 문화와 신앙의 접점에서 겪는 경험을 설명하는 데 중요한 개념을 제시합니다.

- 문화충격의 정의와 신학적, 문화인류학적 관점

문화충격(Culture Shock)은 종종 새로운 문화나 환경에 접했을 때 발생하는 심리적, 감정적 혼란을 의미합니다. 이는 문화적인 차이를 넘어서는 내적 충돌을 동반합니다. 신학적으로는, 문화충격은 단순한 외부의 문화적 다름이 아니라, 내적 존재의 근본적인 질문과 맞닿아 있습니다. 우리는 타 문화를 접하면서 '자아'를 재정립하려 하고, 그로 인해 복음과 그리스도 중심의 신앙이 개인의 정체성과 어떻게 연결되는지 재조명하게 됩니다.

- Paul Hiebert는 문화충격이 '단순한 문화적 차이'를 넘어서서, '복음을 어떻게 해석하고 살아내느냐'에 대한 근본적인 질문을 불러일으킨다고 말합니다. 이는 우리에게 신앙의 본질과 그 표현이 어떠해야 하는지를 물어보는 중요한 기회를 제공합니다. 따라서 문화충격은 '외부의 낯섦'을 넘어, '내부의 변화를 요구하는 도전'으로서 신학적 의미를 가진다고 할 수 있습니다.

- 신학적 관점에서의 문화충격

문화충격은 복음을 접하는 방식에도 깊은 영향을 미칩니다. 복음이 단지 지식으로 받아들여지거나, 특정 문화 속에서 정의되는 것이 아니라, 우리가 접하는 새로운 문화의 맥락 속에서 어떻게 그리스도의 의미를 해석하고 실천할 것인가에 대한 문제로 연결됩니다. 새로운 문화에서는 우리가 익숙하게 생각했던 신앙의 형태가 도전을 받거나 심지어 반전될 수도 있습니다.

신학적으로 문화충격은 하나님 나라의 보편성과 다양성에 대한 깊은 깨달음을 준다고 볼 수 있습니다. 교회는 단일한 문화나 언어로만 정의될 수 없으며, 하나님의 나라가 모든 민족과 문화 속에서 확장된다는 사실을 경험하는 계기가 됩니다. 이 과정에서 우리는 하나님이 구속사를 이루시기 위해 사용하시는 문화적 도구들을 새롭게 인식하게 됩니다.

2) 문화인류학적 관점에서의 문화충격

문화인류학적으로 보면, 문화충격은 문화 간의 큰 차이에서 오는 심리적 반응뿐 아니라, 인간 본성에 대한 탐구를 이끌어 냅니다. 우리는 다른 문화에서 살아가면서, 인간이 겪는 보편적인 고통, 기쁨, 고독, 연대감을 새롭게 느끼게 됩니다. 이와 함께 우리가 속한 문화에서 익숙했던 것들이 상대화되며, '문화적 전이'가 일어납니다. 예를 들어, 선교지가 아닌 곳에서 복음을 전파할 때, 기존의 선교 방식과 문화를 동일하게 적용할 수 없다는 사실을 깨닫게 됩니다. 새로운 문화에서 복음을 어떻게 전할 수 있을지에 대한 실질적이고 심리적 도전은 문화충격을 동반하게 되며,

이는 우리로 하여금 복음의 본질을 더욱 깊이 파고들게 만듭니다.

문화충격은 단기선교와 같은 선교 활동에서 중요한 경험적 문제이며, 신학적 관점과 문화인류학적 관점에서 그 의미를 확장시킬 수 있습니다. 선교사는 문화충격을 단순한 불편함으로 보지 않고, 복음을 어떻게 해석하고 실천할 것인가에 대한 중요한 신학적 질문으로 접근해야 합니다. 이러한 과정에서 우리는 하나님 나라의 진정성과 보편성을 경험하고, 복음의 깊이를 더욱 실천적으로 이해하게 됩니다. 문화충격을 넘어서는 신앙적 여정은, 하나님의 구속 역사 안에서 우리를 더욱 풍성한 신앙의 공동체로 이끌 것입니다.

3) 문화충격의 주요 요인 - 무엇이 우리를 흔드는가?

Paul Hiebert는 선교에서의 문화충격이 단순한 문화의 차이뿐 아니라, 인간의 정체성과 복음 해석 방식에까지 영향을 미친다고 강조합니다.[9]

주요 원인은 다음과 같습니다.

- 언어 장벽 : 소통의 단절은 정체감의 상실을 초래한다.

언어는 단순한 의사소통의 도구를 넘어, 그 문화와 사람의 정체성을 형성하는 핵심 요소입니다. 선교 활동에서 언어 장벽을 겪을 때, 우리는 그 지역 사람들과의 깊은 관계 형성에 어려움을 겪게 되며, 그로 인해 정체성의 혼란을 경험할 수 있습니다. 신학적으로, 하나님은 성령을 통해 다양한 민족들에게 복음을 전하기 위해 언어를 사용하셨습니다. 성령의 강림 사건에서, 제자들은 각국의 언어로 복음을 전하며, 하나님 나라의 메시지가 모든 민족에게 전달될 수 있도록 하셨습니다.(행2장) 언어 장벽은 복음의 전파에 실질적인 도전이 될 수 있지만, 동시에 하나님이 주시는 능력과 인내를 통해 극복해야 할 과제로 볼 수 있습니다. 하나님은 다양한 언어와 문화를 창조하셨고, 이를 통해 복음의 본질이 그 민족들의 고유한 언어와 문화 안에서 재해석될 수 있음을 시사합니다.

- **시간 개념의 차이 : '정확함'보다 '관계'를 중시하는 문화에서 오는 당혹감**

시간의 개념은 각 문화마다 다릅니다. 서구적 문화에서는 정확한 시간 준수가 중요하지만, 많은 비서구적 문화에서는 관계 중심적 시간 개념이 지배적입니다. 이러한 차이는 단기선교에서 큰 충돌을 일으킬 수 있습니다. 선교사들은 '정확한 시간'을 중시하는 문화에서 온 반면, 현지 문화에서는 사람들과의 관계가 더 중요한 가치로 여겨질 수 있습니다. 신학적으로, 하나님은 관계를 중시하셨습니다. 예수님은 '나는 길이요 진리요 생명이다'라고 말씀하시면서 관계의 중요성을 강조하셨습니다.(요14:6) 관계가 우선시되는 문화에서 선교사는 시간에 대한 인식 차이를 극복하고, 복음 전파와 관계 형성에서 신뢰를 쌓는 것이 중요합니다. 하나님의 시간은 사람과 사람 사이의 관계 속에서 드러나며, 선교 활동 역시 그러한 관계 중심에서 자연스럽게 열매를 맺을 수 있습니다.

- 권위 구조의 차이 : 위계 중심 문화와 평등 중심 문화의 충돌

많은 비서구적 문화에서 권위는 중요한 사회적 원칙입니다. 이는 위계적인 관계를 중시하는 문화적 특성을 반영하며, 사람들이 그들의 상급자나 지도자를 존경하고 따르도록 만듭니다. 반면 서구적 선교사들은 평등과 민주적 사고를 중요시하며, 종종 '평등 중심 문화'에서 온 사람들입니다. 이러한 문화적 차이는 선교 활동에서 큰 충돌을 일으킬 수 있습니다. 신학적으로, 하나님은 '서로를 사랑하라'는 계명을 통해 평등의 본질을 강조하셨습니다.(마22:39) 하지만 동시에, 교회 내에서의 권위와 질서를 중시하셨습니다. 복음은 모든 민족에게 평등하게 전해지며, 권위는 복음의 힘을 발휘하는 방식 중 하나입니다. 선교사는 권위와 평등의 균형을 맞추어야 하며, 현지 문화에서의 권위 체계를 존중하면서도 복음의 본질을 잃지 않도록 해야 합니다.

- 신앙 표현 방식 : 감정적 예배와 이성적 예배, 말씀 중심과 성례 중심의 균형 차이

선교 활동에서 신앙 표현 방식의 차이는 매우 큰 도전입니다. 감정적 예배와 이성적 예배, 말씀 중심과 성례 중심의 차이는 단기선교 팀과 현지 교회 사이의 문화적 차이를 나타냅니다. 서구적 선교팀은 주로 말씀 중심의 예배를 선호하고 이성적 사고를 중시하는 반면, 많은 아프리카나 아시아의 문화에서는 감정적이고 신체적인 예배 표현을 중요시합니다. 신학적으로, 하나님은 예배에 있어 마음과 영혼을 다해 예배할 것을 요구하셨습니다.(마22:37) 또한, 예배는 영적 공동체의 결속을 강화하는 중요한 통로이므로, 문화적 차이를 이해하고 이를 받아들이는 태도가 중요합니다. 예배는 외형적인 형태보다, 그 예배가 하나님과의 진정한 관계를 나타내는지 여부가 더 중요한 본질을 지니고 있습니다.

따라서 선교사는 예배 문화의 차이를 이해하고, 양측의 예배 방식을 융합하여 하나님께서 기뻐하시는 예배를 실천해야 합니다.

- 생활 환경 : 위생, 식사, 잠자리의 기준이 전혀 다를 때 겪는 불안감

생활 환경에서의 차이는 단기선교에서 자주 겪는 불편함 중 하나입니다. 위생 상태, 식사, 숙소의 기준이 서로 다를 때 선교사들은 문화적 충격과 신체적 어려움을 동시에 겪게 됩니다. 이러한 불편함은 종종 신앙적으로 도전이 될 수 있습니다. 신학적으로, 예수님은 이 땅에서 불편함을 겪으셨고, 가난한 자들과 함께하셨습니다.(마8:20) 이처럼 선교사는 자신이 겪는 불편함을 통해, 현지 사람들의 삶을 공감하고, 그들의 고통을 이해하는 중요한 기회를 얻습니다. 또한, 이는 선교사의 신앙 성숙과 성장의 과정으로 볼 수 있습니다. 선교사는 이러한 어려움을 기꺼이 수용하면서 하나님의 인도하심을 신뢰하고, 불편한 환경 속에서도 하나님 나라를 확장해 나가야 합니다.

문화충격은 단기선교에서 자주 경험하는 도전 중 하나이며, 이는 문화적 차이뿐만 아니라 신학적, 인간적, 신앙적 갈등을 내

포하고 있습니다. 그러나 이러한 차이점은 복음을 전파하는 과정에서 하나님이 주시는 중요한 기회입니다. 선교사는 문화적 차이를 극복하면서도, 하나님의 뜻을 실현해 나가는 인내와 지혜를 발휘해야 합니다. 신학적 관점에서, 선교는 단순히 외부로부터의 선포가 아니라, 내적인 변화와 관계 형성을 통해 하나님 나라를 확장하는 일임을 기억해야 합니다.

이러한 충격들은 곧 '복음이 문화 속에 어떻게 뿌리내릴 수 있는가'라는 중요한 신학적 질문으로 이어집니다.

살펴본 것처럼 단기선교 중 가장 흔한 심리적, 영적 위기는 문화 충격입니다. 낯선 음식, 언어, 위생, 시간 개념, 예배 스타일, 삶의 방식 모든 것이 STM 참여자에게는 불편하고 혼란스럽게 느껴질 수 있습니다. 그러나 그 '불편함'은 하나님께서 우리 안의 자아와 교만을 깨뜨리는 통로가 됩니다.

문화 충격은 '극복'해야 할 대상이 아니라, **'배움'과 '적응'을 통해 하나님 나라의 다양성을 깨닫는 계기**로 삼아야 합니다.[10]

이에 따라 STM 팀은 반드시 출국 전 다음과 같은 훈련을 받아야 합니다.

- 기본 문화적 민감성 훈련 (문화의 정의, 상대성, 금기사항 등)
- 문화 충격 단계와 대응법 이해 (관광-불편-거부-적응의 순환)
- 문화별 의사소통 방식 훈련 (직설 vs 간접, 시간개념 등)
- 복장, 인사, 언어예절 등의 지역별 가이드라인

"문화 충격은 실패의 징조가 아니라, 변화의 기회다."

마무리 : 성육신이 우리의 문화적 모델이다

예수님은 단지 하늘의 복음을 '전하러' 오신 분이 아니라, **우리의 문화 속으로 들어오신 분**이셨습니다.

선교는 단지 복음을 선포하는 행위가 아니라, **그 문화 속으로 들어가 그들의 언어, 눈물, 기쁨, 갈망을 함께 살아내는 성육신적 존재 방식**입니다.

"우리가 복음을 들고 간다 할지라도, 우리는 그 땅의 문화에서 하나님을 다시 만난다."

그룹 성경공부 및 토론 질문

1. "다른 문화는 틀린 것이 아니라, 단지 다른 것이라는 것을 실제로 경험하거나 느낀 적이 있습니까?"

사도행전 10:28 "유대인으로서 이방인과 교제하거나 가까이 하는 것이 위법인 줄은 너희도 알거니와 하나님께서 내게 어떤 사람도 속되다 하거나 깨끗하지 않다 하지 말라고 하셨느니라."
→ 베드로의 고넬료 방문 사건처럼, 하나님께서 선입견을 내려놓고 다른 문화를 받아들이도록 인도하신 경험을 나눠보세요.

2. "복음을 전할 때, 그 문화의 세계관과 신념을 어떻게 이해하고 접근해야 할까요?"

사도행전 17:22-23 "아레오바고에서 바울이 말하되... '알지 못하는 신에게'라고 한 제단을 보았노라. 너희가 알지 못하고 위하는 그것을 내가 너희에게 알게 하리라."
→ 바울이 아덴 사람들의 신념을 존중하면서 복음을 전한 방식을 보며, 우리가 접하는 세계관 차이 앞에서 어떤 태도를 가져야 하는지 이야기해 보세요.

3. "문화충격을 겪을 때, 하나님은 나에게 무엇을 깨닫게 하셨습니까?"

창세기 12:1 "너는 너의 고향과 친척과 아버지의 집을 떠나 내가 네게 보여 줄 땅으로 가라."
→ 문화 충격은 아브라함처럼 '안전지대'를 떠나는 하나님의 부르심일 수 있습니다. 낯선 환경에서 경험한 내면의 변화와 하나님의 뜻을 나눠보세요.

4. "현지 문화를 존중하면서도 복음의 진리를 타협하지 않으려면 어떤 균형이 필요할까요?"

요한복음 1:14 "말씀이 육신이 되어 우리 가운데 거하시매…"
→ 예수님의 성육신처럼, 복음을 단순히 '전하는 것'이 아니라 '삶으로 살아내는 것'에 대해 토의하며, 현지 문화를 이해하고 사랑하는 태도의 중요성을 나눠보세요.

5. "선교는 가르치는 것이 아니라 배우는 길일 수도 있습니다. 내가 선교지에서 배운 가장 중요한 '복음의 진리'는 무엇이었습니까?"

누가복음 24:30-32 "그들과 함께 음식 잡수실 때 떡을 떼시매… 그들이 서로 말하되 길에서 우리에게 말씀하시고 우리에게 성경을 풀어 주실 때 우리 마음이 뜨겁지 아니하더냐 하고…"
→ 예수님이 엠마오 길에서 제자들과 함께 걷고, 떡을 떼며 진리를 보여주신 것처럼, 내가 현지 문화 속에서 경험한 은혜의 순간을 함께 나눠보세요.

제7장

다양성의 가치와 선교 공동체
문화적 다양성과 팀워크의 영적 통합

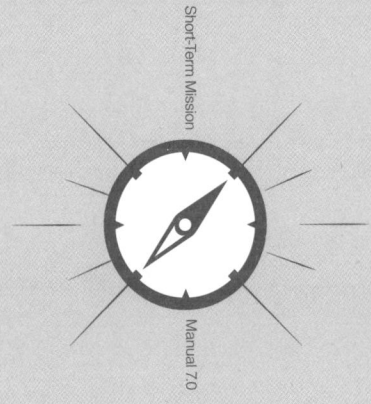

"우리 몸은 하나이지만 많은 지체를 가졌고,
그 모든 지체가 한 몸이듯이 그리스도 안에서도 그러하니라."
- 고린도전서 12:12

1
다양성은 하나님의 창조적 선교 질서다
Diversity in God's creative mission order

오늘날 단기선교팀은 다양한 세대, 문화, 언어, 교파 배경을 가진 구성원으로 이루어 집니다. 이 다양한 배경을 가진 사람들이 모여 사역을 할 때, 그 자체가 하나님의 선교적 계획을 실현하는 중요한 방법이 됩니다. 우리는 종종 '다양성'이라는 말을 들을 때, 그것을 불편함의 원인으로 여길 때가 많습니다. 하지만 신학적으로나 문화인류학적으로 '다양성'은 하나님의 창조적 선교 질서의 일부로 이해할 수 있습니다. 이는 하나님의 성품이 그대로 드러나는 방식이며, 교회가 복음을 확장하고 세상의 다양한 사람들에게 다가가는 통로가 됩니다.

1) 문화적 차이는 선교적 기회다

Paul G. Hiebert는 그의 저서 Anthropological Insights for Missionaries에서 선교 활동이 단순히 다른 사람들의 문화에 대해 배우는 것 이상의 의미를 가짐을 강조합니다. 그는 문화적 차이를 '문화를 넘어서는 기회'로 보았습니다. 히버트에 의하면, 다양한 문화는 그 자체로 선교적 기회를 제공하는데, 이는 각 문화가 가진 고유한 가치와 상징, 세계관을 통해 복음의 메시지가 어떻게 구체화되고 적용될 수 있는지에 대한 깊은 통찰을 제공하기 때문입니다.[1]

또한, Francis Schaeffer는 The God Who Is There에서 하나님은 각 문화 안에서 그분의 영광을 드러내기 위해 모든 민족을 만드셨다고 언급하며, 복음이 다양한 문화 속에서 '번역'될 수 있는 능력을 가질 때 진정한 교회가 세워진다고 강조했습니다. 그는 복음을 단순히 문화적 배경을 넘어서서 전파하는 것이 아니라, 각 문화의 맥락 안에서 그 뜻을 전달하는 것이 중요하다고 보았습니다.[2]

2) 하나님 나라의 실현 : 다름을 통한 나눔

선교에서 다양성의 가치는 단순히 문화적 차이를 인정하

는 것에 그치지 않습니다. 하나님은 이 다름을 통해 하나님의 나라를 실현하길 원하십니다. 이는 Charles Kraft의 Culture, Communication, and Christianity에서 다루어진 중요한 주제이기도 합니다. 크래프트는 "문화는 하나님이 창조하신 것이다. 우리는 그 문화적 차이를 통해 하나님의 목적을 이루어야 한다."고 말했습니다.[3]

각 문화는 하나님이 창조한 세상의 부분이며, 그 속에서 하나님이 어떤 일을 하셨고, 하시기를 원하시는지 이해하는 과정에서 우리는 진정한 선교를 할 수 있습니다. 특히, 다름을 나눔으로 승화시키는 것은 삼위일체적 공동체를 반영합니다. 교회는 다양한 사람들, 다른 문화적 배경을 가진 사람들이 하나님의 사랑을 바탕으로 모여 하나됨을 이루는 공동체입니다. 삼위일체적 공동체의 본질은 바로 이 다양성 속에서 서로 다름을 인정하고, 사랑으로 이를 조화시키는 것입니다. 마태복음 28장 19절에서 예수께서 제자들에게 모든 민족을 제자로 삼으라고 명하신 것은, 바로 이 점을 강조한 것입니다. 다양한 문화와 사람들을 하나님의 복음으로 불러모으는 일, 이방 민족에게 복음을 전파하는 일은 하나님의 선교적 본성의 중요한 부분이며, 교회의 사명입니다.

3) 다름을 통한 하나님 나라의 실현

다양성 속에서 하나님 나라는 구체화됩니다. 선교에서 우리가 마주하는 문화적 차이는 단순히 장애물이 아닙니다. 우리는 그 차이를 넘어서 하나님은 사랑과 은혜로 우리를 이끌어가신다는 사실을 배워야 할 것입니다. 다양한 배경과 신앙적 경향을 가진 사람들이 함께 하나의 공동체를 이룰 때, 우리는 '하나님 나라의 확장'이라는 깊은 신학적 의미를 깨닫게 됩니다. 교회는 각기 다른 구성원이 하나가 되어 '사랑'을 실천하는 장이 되어야 합니다. 이 사랑은 우리의 편안함과 동질성을 넘어서, 우리의 신앙이 진정으로 다른 사람들 속에서 빛을 발하는 방식을 통해 이루어집니다. 우리는 선교를 통해 문화적 차이를 초월하여 하나님 나라를 확장하는 여정을 살아가게 됩니다. 그러나 그 여정에서 우리가 가장 중요하게 고려해야 할 점은, 바로 다름을 인정하고, 그 다름을 하나님께서 이미 창조하신 질서 안에서 하나님의 뜻을 이루어가는 도구로 삼는 것입니다. 하나님은 각 문화 속에서 하나님 자신의 모습을 드러내시며, 그 모습은 복음이 각기 다른 배경을 가진 사람들에게 어떻게 전달될 수 있는지를 보여줍니다.

4) 신뢰와 팀워크의 강화를 위한 문화적 피드백

문화적 다양성을 통한 성장의 핵심은 바로 중보기도와 대화, 문화적 설명 및 피드백의 반복입니다. 단기선교팀은 각기 다른 문화를 지닌 사람들이 모인 만큼, 첫 만남에서부터 어려움을 겪을 수 있습니다. 그러나 지속적인 대화와 기도, 서로에 대한 이해는 팀워크를 강화하고 신뢰를 구축하는 중요한 요소입니다. 하나님의 임재를 중심에 두고, 선교팀은 서로의 문화적 차이를 이해하고 그 차이를 하나님께서 어떻게 사용하실지를 묵상하며 기도해야 합니다. 문화적 피드백과 이해를 통해 단기선교팀은 점차적으로 갈등을 해결하고, 하나님나라를 확장하는 진정한 협력자로 변화할 수 있습니다.

5) 교회 공동체와의 연대

단기선교는 단순히 교회 밖의 활동으로 그쳐서는 안 됩니다. 선교팀은 교회 공동체의 한 부분으로, 그들의 사명과 비전을 교회와 연대하여 실현하는 자들입니다. 교회의 영적 지도자와 팀원들이 함께 기도하고, 서로의 문화적 차이를 존중하면서 공동체 내에서 선교적 삶을 실천하는 것이 중요합니다. 이러한 과정을 통해 교회는 하나님 나라를 확장하는 선교적 공동체로 성장

할 수 있습니다. 이 과정에서 중요한 점은 공동체의 연대입니다. 각자의 문화적 배경이 다르더라도, 서로의 차이를 인정하고 그 안에서 하나님의 뜻을 이루어가는 과정을 통해 진정한 공동체로 성장하는 것입니다. 하나님은 우리가 그분의 뜻을 이루기 위해 서로 다른 배경을 가진 사람들과 협력하여 일하길 원하십니다. 문화적 다양성은 단기선교에서 갈등을 일으키는 요소일 수 있지만, 그것은 하나님의 계획 속에서 더 큰 공동체와 선교적 삶을 만들어 가는 중요한 과정으로 해석할 수 있습니다. 갈등을 통해 우리는 서로를 더 깊이 이해하고, 하나님께서 주신 고유한 문화적 배경을 통해 복음을 전할 수 있는 기회를 얻습니다.

갈등이 아닌 성장의 기회 문화적 다양성은 협업 가운데 갈등을 유발할 수 있습니다. 그러나 선교란 갈등을 회피하는 것이 아니라, 그 갈등을 통해 서로를 더 깊이 이해하고 성숙해가는 여정입니다. 문화적 갈등은 단기선교 팀워크의 위협이 될 수도 있지만, 성령의 인도하심 안에서 서로를 더 깊이 이해하고 조율하는 기회가 될 수 있습니다.

예를 들어, 한 지역 교회가 한국, 인도네시아, 미국의 팀원들과 협력하여 사역을 진행했을 때, 언어와 시간 개념, 의사소통 방식의 차이로 인해 초기에 혼란을 겪었습니다. 그러나 꾸준한 대화와 중보기도, 문화적 설명과 피드백을 반복하면서 서로의 차이를 이해하게 되었고, 결과적으로는 더 강력한 팀워크와 깊은 신뢰를 구축할 수 있었습니다.

필자는 첫 번째 단기선교를 오엠(Operation Mobilization)의 국제팀 안에서 사역하는 과정을 통해 직접 경험했습니다. 영어로 소통해야만 하는 국제팀 안에서 많은 긴장과, 의사소통의 문제, 문화적 차이로 인한 오해와 갈등 등을 겪으며 고통과 문화충격을 경험하였습니다. 하지만 그 과정을 통해 다양함 속에서 성령 안에 하나 되는 은혜를 누릴 수 있었고, 진정한 팀워크가 무엇인지 체험하였습니다.

이러한 경험은 오늘날 한국의 젊은이들에게도 동일한 도전을 제시합니다. 가능한 한 다양한 문화 속에서, 특히 국제적인 팀 안에서 단기선교를 경험해보는 것은 선교적 통찰력과 글로벌한 영적 시야를 확장하는 데 큰 도움이 됩니다. 그러므로 이러한 기회가 더 많이 제공되기를 기대하며, 많은 젊은이들이 이 도전에 기꺼이 나서기를 권면합니다.

2
바울의 선교팀 :
다양성 속에서 하나됨을 이루는 복음 공동체

Paul's mission team :
A gospel community that unites in diversity

"우리는 한 몸에 많은 지체를 가졌으나 모든 지체가 같은 기능을 가진 것이 아니니"
로마서 12:4

바울의 선교 여정은 단기선교를 준비하는 오늘의 교회에 단순한 참고 모델 그 이상을 제시합니다. 그것은 '전략적 동반자 관계' 혹은 '선교적 파트너십'이라는 현대 선교학의 핵심 개념을 이미 선취하고 있는 복음의 공동체적 실현이었습니다. 그리고 이 바울의 팀은 동일성과 통일성이 아니라, 다름과 다양성 속에서 드러나는 하나됨, 바로 삼위일체 하나님의 선교적 영광을 담아

낸 살아있는 예시였습니다.

1) 바울은 혼자가 아니었다.

'보냄'은 공동체로 이루어진다 오늘날 단기선교를 기획하거나, 선교지를 방문하는 이들 중 상당수는 여전히 '혼자서 감당하는 사역자'라는 이미지에 갇혀 있습니다. 그러나 바울은 그의 사역 전체를 통해 '선교는 반드시 함께 가는 길'임을 명확히 보여줍니다. 그는 철저히 공동체 기반으로 움직였으며, 언제나 복음 안에서 다양성과 협력의 팀워크를 실현했습니다.

그의 동역자 목록은 주목할 만합니다. 브리스길라와 아굴라라는 이주민 부부, 유대인 배경의 디모데, 로마 시민권을 가진 의사 누가, 빌립보 교회의 대표였던 에바브로디도 등. 이들은 국적, 계층, 성별, 직업, 연령에서 차이를 가졌지만, 바울은 그들을 사역의 주변인이 아니라 복음의 공동상속자로 존중했습니다. 이는 단지 조직적 구성의 전략이 아니라, 복음의 본질에 근거한 성서적 파트너십을 보여 주는 것입니다.

> "그가 우리의 동역자요, 나의 형제요, 함께 수고한 자이며, 너희의 사자로 나를 섬긴 자라."
>
> **빌립보서 2:25**

2) 위임의 영성

파트너십은 권한을 나누는 것이다 바울의 팀워크는 단순한 협조가 아니었습니다. 그는 동역자들을 단순 보조자가 아닌 동등한 사역 파트너로 세웠고, 언제나 사람들을 세우고, 파송하고, 위임했습니다. 디모데와 디도를 독립적인 사역자로 파송하고, 루가는 의료적 지원자이자 복음의 증언자로 동행했습니다. 바울은 단기성과 위계로 사람을 평가하지 않았으며, 그의 파트너십은 곧 권한 위임의 실천이었습니다.

바울은 권위를 독점하지 않고, 복음을 위해 자기의 자리를 비워주었습니다. 이 비움이야말로 파트너십의 시작입니다. 단기선교팀도 마찬가지입니다. 우리는 그 땅의 현지인 리더에게 '내려놓는 법'을 배울 때 비로소 복음의 사람으로 서게 되는 것입니다.

"우리의 일은 혼자서 위대한 일을 하는 것이 아니라, 그들이 일어나도록 자리를 내어주는 것이다."
필자의 선교사역 슬로건

3) 동일성의 환상에서 벗어나라

'서로 다름'은 선교의 기회이다 한국 교회는 종종 '조직의 동일성'과 '효율성'을 강조하며, 서로 다른 의견이나 배경을 갈등으로 받아들이는 경향이 있습니다. 그러나 바울은 다름 속에서 하나님 나라의 가능성을 발견했습니다. 복음은 문화를 초월하지만, 문화는 복음을 담는 그릇이기 때문입니다.

바울의 선교팀은 문화적, 신학적, 사회적 배경이 서로 충돌하는 팀이었습니다. 그러나 그는 이 다양성을 억누르지 않고, 오히려 그 차이를 통해 복음의 유연성을 증명했습니다. 복음은 하나의 방식으로만 전해지지 않습니다. 복음은 '다른 이의 언어'로 말할 때, 비로소 선교적 능력을 갖습니다.

폴 히버트는 이를 '비판적 상황화(Critical Contextualization)'라 명명하면서, 복음이 문화 안에 뿌리내리기 위해서는 반드시 '다름을 통과하는 해석과 조율'의 과정이 필요하다고 말했습니다.[4] 바울은 이 점에서 누구보다도 선구적이었습니다.

바울의 선교 팀워크는 오늘의 단기선교를 재정의합니다. 그는 효율보다 '함께함'을, 위계보다 '신뢰'를, 동일성보다 '다양성'을 수용했습니다. 그리고 그 공동체 안에서 복음은 생명을 얻었습니다.

오늘날 한국 선교와 단기선교팀은 바울의 모델에서 깊은 통찰을 회복해야 합니다. "우리는 누구와 함께 가는가? 그리고 그들에게 얼마나 권한을 내어주고 있는가?" 이 질문은 단기선교의 방법론 이전에, 복음의 인격적 실천이라는 본질을 묻는 질문이 되어야 할 것입니다.

"선교는 결국, 혼자서 이룬 사역의 크기가 아니라, 함께 걷는 이들의 발자국이 얼마나 서로를 닮아갔는가를 보여주는 여정이다."
필자주

바울의 선교 여정은 오늘날 단기선교에 주는 강력한 모델이 됩니다. 유대인, 헬라인, 로마 시민권자, 여성 리더, 젊은 사역자 등 다양한 인물들과 팀을 이루어 사역하였으며, 이는 고대계급 사회 속에서 실현된 놀라운 복음적 공동체였습니다.

브리스길라와 아굴라 부부, 디모데, 누가, 에바브로디도 등은 각기 다른 배경을 가졌지만, 바울은 이들을 향한 신뢰와 권한 위임을 통해 복음의 확장에 크게 기여했습니다. 선교는 동일성의 공동체가 아니라, 차이를 포용하고 통합하여 그리스도의 몸을 이루는 영적 실천 공동체입니다.

그룹 성경공부 및 토론 질문

1. 바울의 선교팀이 어떻게 다양한 사람들을 품고 사역했는지 사례를 들어 이야기해보세요.

2. 내가 속한 공동체에서 겪었던 '문화적 차이' 혹은 '세대 차이'로 인한 갈등은 무엇이었나요? 어떻게 해결했나요?

3. 단기선교가 장기선교로 이어질 수 있는 디딤돌이 되려면 무엇이 필요할까?

4. 단기선교팀을 운영할 때, 다양성을 하나됨으로 이끌기 위한 구체적인 방안은 무엇이 있을까요?

제8장

단기선교 기획

보내는 교회의 실천적 제자도

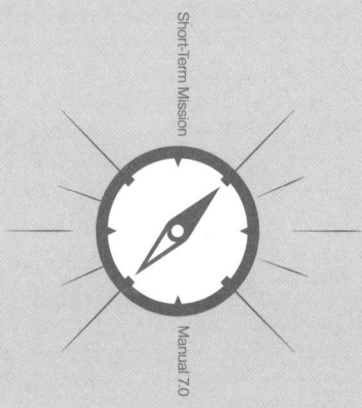

"우리는 그가 만드신 바라 그리스도 예수 안에서 선한 일을
위하여 지으심을 받은 자니"

– 에베소서 2:10

1
단기선교는 교회의 사도적 고백이다[1]
Short-Term Missions are the Apostolical confession of the church

단기선교는 교회에서 여름이나 겨울에 한번 치루는 교회의 행사나 이벤트가 아닙니다. 그것은 '교회됨'의 고백이며, 지역교회가 세상을 향해 보낸다는 선교적 자기선언인 것입니다. 단기선교의 기획은 단순한 일정짜기가 아닌, 복음을 살아내는 사람들을 길러내는 목회적 훈련장이자 공동체적 분별의 여정 입니다. 이 장에서는 단기선교를 준비하는 지역교회가 반드시 고려해야 할 신학적, 전략적, 실천적 구성 요소들을 다룰 것입니다. 기대하기는 교회가 단기선교를 기획할 때 일종의 나침반과 같은 역할을 할 수 있기를 소망해 봅니다.

2
사역 목표 설정 :
바쁘게 움직이되, 왜 가는지를 잃지 말라

Sending ministry Goal's :
Move with urgency, but never forget why you're going

많은 단기선교팀은 프로그램과 일정표 작성에 분주하게 됩니다.

그러나 그 분주함 속에 잃어 버리지 말아야 할 더 근본적인 질문은 이 하나입니다.

'우리는 왜 가는가?'입니다.

단기선교의 목표는 현지에서 '무엇을 하느냐'보다, '무엇을 남기느냐'에 있습니다. 그것은 사역의 성과보다 관계의 흔적이며, 프로그램보다 삶으로 표현 되어저야 하는 복음의 태도입니다.

한국의 한 교회는 네팔 산골 마을을 찾아갔지만, 비 때문에 모든 계획이 무산되었습니다. 처음에는 불평과 원망이 가득했지만, 그러나 이들은 함께 울고, 함께 기다리며 마을 주민과 하루 종일 빗속에서 수건을 나누고 찬양을 불렀습니다. 그해 마을에 세워진 교회의 이름은 '함께 우는 교회'였습니다.

그러기에 교회의 단기사역 목표는 현지 교회의 목소리에서 비롯되어야 합니다. 진정한 파송은 '우리가 무엇을 줄 수 있는가'가 아니라, '그들이 우리와 함께 무엇을 세우고 싶은가'를 묻는 데서 시작됩니다.

따라서 우리는 '우리가 무엇을 할 수 있는가?'와 '무엇을 했는가?'에 초점을 두기보다는 '우리와 함께했던 사람들이 누구인가?', '누구와 연결되었는가?'에 초점을 두었다면 우리의 관점에서는 실패라 할지라도 하나님은 그 실패를 통해서도 하나님의 '의'를 이루어 가실 것이라 믿습니다.

잊지 마십시다!

선교의 주인은 하나님 이시고 그 분이 일하시고 우리는 다만 순종할 뿐이라는 점을!

3
선교지 선정 :
관계의 이야기에서 전략이 태어난다

Selecting mission fields :
Strategy is born from the story of relationships

선교지 선택은 전략적이어야 하지만, 그보다 더 중요한 것은 '관계' 입니다.

'우리가 가고 싶은 곳'보다, '하나님이 이미 일하고 계신 곳'을 찾는 것이 선교적 식별입니다. 저는 선교사역을 한지 20년이 지난 어느 한 아침 경건회 시간을 통해 이 귀한 진리를 깨닫게 되었습니다. 누가복음 10장 1절에서 주님은 70제자들을 보내실 때 **주님이 친히 가시고자 하는 곳**'에 제자들을 보내셨다는 점을.

따라서 우리는 우리의 관심과 우리가 가보고 싶은 곳이 아니라 주님이 지금 어디에서 일 하시고 계시는가에 우리의 안테나와 주의를 기울이고 주님의 분명한 안내를 받아야 할 것입니다.

서울의 한 청년 공동체는 인도네시아 숨바섬에서 사역 중이던 현지 사역자와 3년간 온라인으로 기도 모임을 나누었습니다. 그 기도 가운데 길이 열렸고, 이들은 선교지를 방문했으며, 단순한 방문이 아닌 '가족과의 만남'으로 그 여정은 깊어졌습니다.

선교지는 프로그램의 대상이 아니라, 성령께서 이미 일하고 계신 현장입니다. STM은 그 현장의 이야기를 듣는 데서 시작되어야 할 것입니다.

4
팀 구성과 역할 :
선교는 공동체로 파송된다

Team formation and Roles :
Mission is the commissioned as a Community

단기선교팀은 단순한 조합이 아니라, 복음의 공동체 이어야 합니다. 각자의 역할은 은사의 분별에서 비롯되어야 하며, 팀장은 리더가 아닌 '섬김의 첫 주자'여야 할 것입니다.

주요 구성과 역할 제안

단기선교팀에서 각 역할에 대한 구체적인 직무 설명(Job Description)과 해야 할 일(To-Do List)을 제공하는 것은 실질적이고 실행 가능한 안내서로서 매우 중요한 부분입니다. 각 팀원의 역할은 선교 팀 전체의 효율성에 큰 영향을 미치므로, 각 역할의 책임을 명확히 하고 이를 구체적으로 설명하는 것이 필요합니다. 다음은 각 역할에 대한 구체적인 직무 설명과 해야 할 일 목록입니다.

1) 팀장 : 영적 리더십과 행정력의 균형자

직무 설명

팀장은 단기선교팀의 전체적인 리더로서, 팀의 영적 방향을 제시하고, 모든 행정적 업무가 원활히 진행되도록 조정하는 역할을 맡습니다. 팀원들이 효율적으로 협력하고, 선교의 목표가 성취될 수 있도록 기획과 관리를 합니다. 팀장은 또한 영적 리더십을 통해 팀원들의 신앙적 성장을 촉진하고, 팀 내 갈등을 해결하는 역할도 합니다.

해야 할 일(To-Do List)
- **영적 지도** : 매일의 기도 시간과 묵상을 인도하고, 팀원들에게 영적 지도와 격려를 제공합니다.
- **행정 업무 관리** : 팀의 일정, 예산, 교통 및 숙소 등을 포함한 모든 세부적인 행정적 일정을 관리합니다.
- **팀 회의 진행** : 주간 또는 매일 진행되는 회의를 통해 팀의

진행 상황을 점검하고, 팀원들의 의견을 반영합니다.
- **팀원들과의 소통** : 팀원들이 겪는 어려움을 이해하고, 이를 해결할 수 있도록 돕습니다. 주기적으로 1:1 미팅을 통해 개별 지원을 제공합니다.
- **비전과 목표 설정** : 선교지에서의 목표를 명확히 하고, 이를 팀원들과 공유하여 팀이 같은 방향으로 나아가도록 합니다.
- **위기 관리** : 예기치 못한 문제나 갈등 상황에서 침착하게 문제를 해결하고, 팀의 화합을 이끕니다.

2) 기도 리더 : 중보기도, 매일 말씀 묵상 인도

직무 설명

기도 리더는 팀의 영적 건강을 책임지며, 팀이 하나님과 깊은 관계를 유지할 수 있도록 돕습니다. 기도 리더는 매일의 기도 시간을 이끌고, 팀원들이 하나님께 의지할 수 있도록 기도의 중요한 역할을 맡습니다. 또한, 팀원들의 개인적인 기도 제목을 청취하고 기도하는 시간을 제공합니다.

해야 할 일(To-Do List)
- **매일 기도 인도** : 아침 기도 시간, 저녁 기도 시간을 이끌어

모든 팀원이 기도에 참여할 수 있도록 합니다.
- **중보기도** : 팀원들이 겪는 개인적인 어려움과 현지에서의 상황에 대해 중보기도를 실시합니다.
- **성경 말씀 묵상** : 매일의 말씀 묵상을 준비하여 팀원들에게 나누고, 묵상한 내용을 바탕으로 팀원들과 함께 나누는 시간을 가집니다.
- **기도 제목 모음** : 팀원들이 원하는 기도 제목을 모아서, 팀 전체가 기도할 수 있도록 전달합니다.
- **기도 모임 리드** : 특별히 기도 모임을 조직하고, 기도 모임에서 나누어야 할 내용을 준비합니다.

3) 문화 담당 : 문화 정보 제공, 행동 규범 교육

직무 설명

문화 담당자는 선교지의 문화적 배경을 팀원들에게 교육하고, 현지 문화에 적응할 수 있도록 돕는 역할을 합니다. 문화 담당자는 현지 사람들과의 관계에서 발생할 수 있는 문화적 갈등을 예방하고, 팀원들이 문화적 차이를 존중하도록 교육합니다.

또한, 선교지에서 중요한 문화적 규범을 알려주고 이를 팀원들이 준수할 수 있도록 합니다.

해야 할 일(To-Do List)

- **문화 교육** : 현지 문화를 이해하고, 문화적 차이에 대해 팀원들에게 교육합니다. 예를 들어, 현지에서의 예절, 의사소통 방식, 권위에 대한 태도 등을 교육합니다.
- **행동 규범 교육** : 선교지에서 적절한 행동 규범을 팀원들에게 전달하고, 선교 활동 중에 이 규범을 준수하도록 합니다.
- **문화적 민감성 훈련** : 문화적 차이를 이해하고 존중할 수 있도록 다양한 훈련 프로그램을 준비합니다.
- **문화적 갈등 예방** : 현지 사람들과의 갈등을 예방하기 위한 가이드를 제공하고, 갈등 발생 시 해결책을 제시합니다.

4) 돌봄 리더 : 감정 나눔, 심리적 케어, 팀 분위기 조율

직무 설명

돌봄 리더는 팀원들의 감정적인 건강과 심리적 안정을 책임집니다. 팀원들이 겪는 스트레스, 피로, 갈등을 해결할 수 있도록 돕고, 팀원들 간의 긍정적인 분위기를 조성하는 역할을 합니다. 이 역할은 팀의 결속력을 강화하고, 선교 활동 중 겪을 수 있는 심리적 부담을 완화하는 데 필수적입니다.

해야 할 일(To-Do List)

- **감정 나눔 시간 운영** : 팀원들이 자신의 감정을 나누고 서로 격려할 수 있는 시간을 제공합니다. 이는 매일의 팀 모임에서 진행할 수 있습니다.
- **심리적 케어 제공** : 팀원들이 겪는 개인적인 스트레스나 심리적 어려움을 듣고 지원합니다. 필요시 외부 전문가의 도움을 요청할 수도 있습니다.
- **팀 분위기 조율** : 팀원들 간의 갈등을 해결하고, 팀 내에서 긍정적이고 열린 소통이 이루어지도록 분위기를 조성합니다.
- **피로 관리** : 팀원들이 신체적, 정신적으로 피로해지지 않도록 휴식과 재충전 시간을 마련합니다.
- **팀워크 강화 활동** : 팀워크를 강화할 수 있는 다양한 활동을 계획하여 팀의 결속력을 높입니다.

단기선교팀의 각 역할은 단기선교가 단순히 일회성 이벤트에 그치지 않도록 만드는 중요한 요소입니다. 각 팀원은 자신의 역할을 충실히 수행함으로써, 복음의 메시지를 효과적으로 전달하고, 현지 사람들과 깊은 관계를 맺을 수 있습니다. 각 역할에 대한 명확한 이해와 실천은 팀워크를 강화하고, 선교 활동의 성과를 높이는 데 중요한 영향을 미칩니다.

따라서 이 직무 설명과 해야 할 일 목록은 단기선교팀의 성공적인 활동을 위한 기본적인 틀을 제공하며, 각 팀원들이 자신들의 역할을 더 잘 수행할 수 있도록 도와주는 중요한 참고 자료가 될 것입니다.

선교는 팀워크의 예술 입니다. 팀 안에서의 돌봄과 경청의 문화는 현지에서도 복음으로 흘러가는 통로가 됩니다.

5
훈련과 준비 :
단기선교는 신학적 여정이다

Training and Preparation :
Short-Term Mission is a theological journey

준비 없는 단기선교는 현지의 상처가 되고, 참가자의 좌절로 이어지게 됩니다. 단기선교는 성령의 여정이며, 교회의 본질에 대한 체험 입니다.[2] 그러므로 STM 전 단계에서는 반드시 다음의 훈련이 병행되어야 합니다.

단기선교 훈련은 단순한 준비 과정이 아니라, 팀원들이 선교 활동 중 하나님과의 깊은 관계를 유지하고, 현지 문화와 사회에 적절히 적응하면서 그리스도의 사랑을 효과적으로 전달할 수 있도록 돕는 중요한 과정입니다. 특별히 '문화적 민감성은 선교지에서 효과적인 관계구축을 위한 중요한 요소'[3] 이기 때문에 각 훈련 항목은 단기선교의 효과를 높이는 동시에, 팀원들이 선교의 의미와 목적을 올바르게 이해하고 실행할 수 있도록 돕습니다. 이러한 훈련은 신학적, 영적, 문화적 차원에서 통합적으로 이루어져야 합니다.

1) 세계관 훈련 : 기독교 세계관과 타문화 비교

구체적 해설

세계관 훈련은 선교팀이 기독교적 신앙을 바탕으로 세상을 어떻게 바라보고 해석할 것인지에 대한 이해를 돕는 중요한 과정입니다. 기독교 세계관은 하나님께서 창조하신 세상과 그 안에 존재하는 모든 것을 신적인 관점에서 이해하는 방식을 제시합니다.[4] 단기선교팀은 다양한 문화와 접하게 되며, 이 때 중요한 것은 자신의 세계관이 다른 문화적 맥락에서 어떻게 나타나는지를 이해하는 것입니다.

기독교 세계관을 통해 팀원들은 '세상의 구조', '인간의 존재 목적', '문화적 다양성의 의미' 등을 성경적 관점에서 바라보게 됩니다. 이는 단기선교팀이 현지 문화에 대해 비판적이기보다는, 그 문화를 이해하고 존중하면서도 기독교적 진리를 어떻게 적용할 수 있을지를 고민하는 데 필요한 토대를 마련해줍니다.

구체적 해야 할 일

- **기독교 세계관 강의** : 선교팀이 기독교 세계관을 깊이 이해하도록 돕는 강의를 마련합니다. 여기에서는 기독교의 창조론, 구속론, 인간론 등을 다루며, 타문화 속에서 기독교 신앙이 어떻게 드러날 수 있는지를 탐구합니다.
- **타문화와 비교 토의** : 기독교 세계관과 현지 문화의 차이점을 비교하는 시간을 가집니다. 이를 통해, 팀원들이 다양한 문화 속에서 기독 교적 진리를 어떻게 적용할 수 있을지를 모색합니다.
- **사례 연구** : 기독교 세계관이 다른 문화에서 어떻게 실천될 수 있는지를 보여주는 구체적인 사례를 통해 훈련을 합니다. 예를 들어, 가난, 가족, 결혼, 권위 등과 관련된 다양한 문화적 가치와 기독교적 접근 방식을 비교합니다.

2) 문화 민감성 훈련 : 언어, 복장, 음식, 권위구조 등

구체적 해설

문화 민감성 훈련은 단기선교팀이 현지 문화에 대한 기본적인 이해를 바탕으로 적응하고, 갈등을 피하며, 예의와 존중을 지키는 방법을 배우는 훈련입니다. 문화적 민감성은 선교지에서의 효과적인 관계 구축을 위한 중요한 요소로, 단기선교팀이 현지인과의 관계에서 신뢰를 쌓고 복음을 전하는 데 필수적인 역량을 제공합니다.

문화 민감성 훈련은 언어, 복장, 음식, 권위구조 등의 다양한 요소에서 현지 문화를 존중하며, 그들의 가치관을 이해하는 데 도움을 줍니다. 이 훈련은 단순히 현지 문화를 배우는 것이 아니라, 자신이 가지고 있는 문화적 편견을 점검하고 그 편견을 넘어서서 하나님의 사랑을 전할 수 있도록 돕습니다.

구체적 해야 할 일

- **문화적 차이에 대한 교육** : 선교지에서의 문화적 차이를 이해하기 위해, 문화적 예절, 상호작용의 방식, 언어적 차이를 다룹니다. 또한, 문화적 규범을 존중하는 방법에 대해 교육합니다.
- **현지인과의 소통 훈련** : 현지 언어의 간단한 표현이나 인사말을 배워, 현지인들과 기본적인 소통을 할 수 있도록 훈련합니다.
- **문화적 존중과 예의** : 문화적 차이를 넘어서는 존중과 예의의 중요성을 강조하며, 복음을 전할 때 문화적 배경에 맞게 신

중하게 접근할 수 있도록 돕습니다.
- **음식과 복장** : 선교지에서 현지 음식과 복장을 존중하고 수용할 수 있도록 훈련합니다. 예를 들어, 선교지에서 현지인이 선호하는 음식이나 복장에 대한 이해와 이를 실천하는 방법을 배웁니다.

3) 영성 훈련 : 말씀 묵상, 침묵기도, 중보기도 실습

구체적 해설

영성 훈련은 단기선교팀이 하나님과의 깊은 관계를 형성하고, 그 관계 속에서 선교 활동을 진행할 수 있도록 돕는 중요한 훈련입니다. 선교팀의 활동이 단순한 프로그램이나 활동에 그치지 않고, 하나님과의 깊은 교제를 통해 이루어지도록 돕습니다.

말씀 묵상, 침묵기도, 중보기도는 하나님과의 대화를 나누고, 그분의 뜻을 찾는 영적 실천입니다. 이 훈련을 통해, 팀원들은 하나님께 자신의 마음을 열고, 선교 활동을 위한 영적 준비를 하게 됩니다. 또한, 팀원들이 서로를 위해 기도하는 중보기도 실습은 팀워크를 강화하고, 하나님의 뜻이 선교지에서 이루어지도록 돕는 중요한 역할을 합니다.

구체적 해야 할 일

- **매일 말씀 묵상** : 팀원들에게 매일 말씀 묵상의 시간을 주고, 그 말씀을 통해 하나님께서 주시는 인도하심을 받아들이도록 합니다. 각 팀원은 묵상 후 그 말씀을 팀원들과 나누는 시간을 가집니다.
- **침묵기도** : 침묵기도는 하나님과의 깊은 교제를 위한 중요한 방법입니다. 팀원들에게 침묵기도를 실습하게 하여, 자신과 하나님 사이의 개인적인 관계를 더욱 깊이 있게 경험하도록 합니다.
- **중보기도 실습** : 팀원들이 현지 사람들, 팀원들, 선교 활동을 위해 기도할 수 있도록 중보기도를 실습합니다. 각 팀원이 기도 제목을 나누고, 함께 기도하는 시간을 갖습니다.

4) 팀워크 훈련 : 갈등 상황 역할극, 공동의사결정 훈련

구체적 해설

팀워크 훈련은 선교팀이 효과적으로 협력하고, 선교지에서 발생할 수 있는 갈등 상황을 잘 해결하는 능력을 기르기 위한 훈련입니다. 갈등은 문화적 차이, 가치관 차이, 개인적인 성격 차이 등에서 발생할 수 있지만, 갈등을 해결하는 과정에서 팀은 더욱 성숙해지고, 하나님의 뜻을 이루어가게 됩니다.

이 훈련은 갈등을 회피하기보다는, 갈등을 해결하고 협력하는 방법을 배우는 데 중점을 둡니다. 역할극을 통해 갈등 상황을 시뮬레이션하고, 이를 해결하는 방법을 실습함으로써 실제 선교 현장에서 발생할 수 있는 갈등을 효과적으로 해결할 수 있는 능력을 키웁니다. 또한, 공동의사결정 훈련을 통해 팀원들이 함께 의견을 나누고, 하나님의 뜻에 맞는 결정을 내리는 방법을 배웁니다.

구체적 해야 할 일

- **갈등 상황 역할극** : 팀원들이 갈등 상황을 재현하여 해결책을 찾는 역할극을 진행합니다. 이 과정에서 갈등 해결의 중요성을 배우고, 갈등을 긍정적인 방향으로 해결하는 방법을 익힙니다.
- **공동의사결정** : 팀 내에서 의사결정을 할 때, 각자의 의견을 존중하고 공동체의 뜻을 모을 수 있는 방법을 배웁니다. 성경적 원칙을 적용하여 결정을 내리도록 훈련합니다.
- **피드백과 토의** : 갈등 해결 후 피드백을 나누고, 개선할 점을 서로 논의합니다. 이를 통해 팀워크가 강화되고, 팀원들 간

의 신뢰를 구축할 수 있습니다.

위의 훈련들은 단기선교팀이 하나님과의 깊은 관계 속에서 현지 문화를 존중하며, 효과적인 선교 활동을 할 수 있도록 돕기 위한 필수적인 훈련입니다. 각 훈련을 통해 선교팀은 자신을 돌아보며, 하나님과의 관계를 더욱 깊이 있게 경험하고, 현지인들과의 관계에서 신뢰를 구축하며, 하나님의 뜻을 이루어가는 중요한 역할을 하게 됩니다.

단기선교 훈련은 단순한 정보 전달이 아니라, 삶의 태도를 형성하는 시간이어야 합니다. 한 청년은 훈련 중 묵상한 마태복음 10장에서 "양을 이리 가운데 보냄같이 너희를 보낸다."는 구절을 붙들고 선교에 임했습니다. 그 한 구절이 현지의 두려움을 이겨내는 힘이 되었습니다.

6
보내는 교회는 복음의 학교다
The sending church is a School of the Gospel

단기선교는 떠나는 자만의 사역이 아닙니다. 그것은 교회 전체의 선교적 실천 입니다. 기획의 모든 과정은 공동체의 기도와 동행 안에서 이루어져야 하며, STM은 결국 '교회가 복음을 배우는 시간'이 되어야 할 것입니다.

선교지로 떠나는 한 걸음은, 교회가 복음을 살아내는 한 걸음이 될 것입니다. 그 길에서 우리는 깨닫게 됩니다.

"하나님은 우리가 위대한 일을 하러 가는 것을 원하지 않으십니다. 오히려 그분은 우리가 겸손히 함께 걸어가는 것을 원하십니다."

그룹 토의 질문

1. 단기선교의 목표 설정에서 가장 중요한 것은 무엇일까요?
- "우리는 왜 가는가?"라는 질문을 중심으로, 선교의 목표가 성과보다는 관계와 복음의 태도에 있어야 하는 이유를 논의해 보세요.
- 마태복음 28:18-20의 "가서 모든 민족을 제자 삼으라"는 명령이 우리의 선교 목표 설정에 어떻게 적용될 수 있을지 생각해 보세요.

2. 선교지 선정에서 관계가 중요한 이유는 무엇인가요?
- 선교지는 단지 프로그램을 수행하는 장소가 아니라, 하나님께서 이미 일하고 계신 곳이어야 한다는 점에서, 선교지 선택에서 '관계'가 중요한 이유에 대해 이야기해 보세요.
- 누가복음 10:1에서 예수님이 제자들을 보내신 방식("주님이 친히 가시고자 하는 곳")을 바탕으로, 우리는 선교지 선택에 있어 무엇을 주의해야 할까요?

3. 단기선교팀 내에서의 각자의 역할이 선교에 어떻게 영향을 미칠까요?
- 각 팀원(팀장, 기도 리더, 문화 담당, 돌봄 리더)의 역할이 팀워크와 선교 활동에 어떤 긍정적인 영향을 미치는지 구체적으로 논의해 보세요.
- 사도행전 13장에서 바울과 바나바가 선교팀을 조직한 방식을 참고해, 각 팀원들이 어떻게 공동체 내에서 중요한 역할을 맡았는지를 생각해 보세요.

4. 단기선교 훈련이 현지 선교 활동에 미치는 영향은 무엇인가요?
- 세계관 훈련, 문화 민감성 훈련, 영성 훈련, 팀워크 훈련 등 각각의 훈련이 팀원들에게 어떻게 도움이 되는지 구체적인 예를 들어 설명해 보세요.
- 성경에서 선교를 준비하는 과정이 어떻게 전개되었는지(예: 마가복음 6장에서 제자들이 예수님께 훈련을 받으면서 파송된 장면) 살펴보세요.

5. 단기선교를 떠난 후 교회 내에서 어떻게 지속적인 선교 문화가 정착될 수 있을까요?
- 단기선교 후 귀국한 팀원들이 어떻게 교회 내에서 선교 문화의 확산을 이끌어낼 수 있을까요?
- 요한복음 20:21에서 예수님이 제자들에게 "너희를 보내는 것 같이 나도 보내노라"라고 하신 말씀을 통해, 교회가 단기선교의 경험을 어떻게 교회의 사역에 통합할 수 있을지 고민해 보세요.

6. 단기선교 후 겪을 수 있는 '공허함'을 어떻게 신앙적으로 다루어야 할까요?
- 귀국 후 단기선교팀원들이 느낄 수 있는 공허함이나 문화적 충격을 신앙적으로 어떻게 해석하고 다룰 수 있을지에 대해 논의해 보세요.
- 성경에서 '공허함'을 다룬 사례(예: 이스라엘 백성이 애굽에서 나와 광야를 거쳐 가나안 땅으로 가는 과정에서 겪은 변화와 갈등)와 연결 지어, 그 과정에서 어떻게 하나님께 의지할 수 있는지를 함께 나눠 보세요.

추가적인 묵상 및 기도

- 각 팀원이 개인적인 경험을 나누며, 자신이 선교 경험을 통해 하나님께서 어떤 메시지를 주셨는지 돌아보고 기도하는 시간을 가지세요.

- 교회 내에서 단기선교를 더욱 활성화하고, 지속적으로 선교 문화가 확산될 수 있도록 기도하며, 서로를 위해 중보하는 시간을 가지세요.

제9장

효과적인 단기선교 준비와 훈련
거룩한 발걸음을 위한 내적 훈련과 팀워크

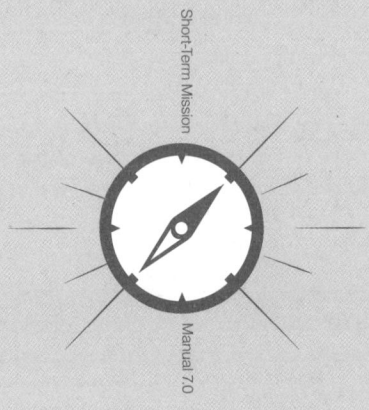

"선교는 짐을 싸는 것이 아니라, 마음을 비우는 것이다."

하나님의 선교에 응답하는 이들의 여정
The journey of those who respond to God's mission

단기선교는 '**짧은 기간 동안 선교지에 다녀오는 프로그램**'이라는 인식을 넘어서야 합니다. 그것은 선교 현장에 처음 발을 들이는 자들의 **영적, 신학적, 인격적 통과의례입니다**. 단기선교는 오히려 선교적 삶의 입문 과정이며, 이 과정은 단지 정보 습득이 아닌, **존재의 전환**을 요구 합니다. 하나님이 하시는 선교(Missio Dei)에 초대된 자로서, 우리는 그 여정에 응답하기 위해 준비되어야 합니다.

복음을 나눈다는 것은 단순히 말을 전하는 일이 아닙니다. 그것은 **자신의 세계관과 삶의 습관이 다른 사람들 가운데 거하**

는 일이며, 때로는 나 자신의 정체성과 신앙, 복음 이해 자체가 흔들리는 도전과 맞닥뜨리는 일이기도 합니다. 그러므로 단기선교는 일회성 이벤트가 아닌, **철저한 훈련과 준비 속에서 신중히 감당되어야 할 사명**입니다.

1
하나님의 선교에 대한 신학적 이해 : 왜 우리는 가는가?

Understanding God's mission :
Why do we go?

복음서와 사도행전은 복음을 들고 나가는 사도들이 철저하게 '보냄을 받은 자들(Apostolos)'임을 강조 합니다. 따라서 그들의 사역은 개인적 열심이 아니라 하나님의 보내심에 대한 **순종**이었습니다. 단기선교는 바로 이 '보냄'의 신학을 회복하는 일입니다.

David Bosch는 선교를 교회의 기능 중 하나가 아니라, **교회의 존재 자체**라고 말했습니다. 교회가 존재하는 이유는 하나님 나라를 이 땅에 드러내기 위함이며, 이는 곧 복음의 선포, 삶의 나눔, 연민의 실천으로 나타나야 합니다.

단기선교사들은 '내가 무엇을 할 수 있을까'보다, '하나님이 이 땅에서 무엇을 하시는가?'를 먼저 묻는 자들 입니다. 복음은 내 것이 아닌 하나님의 것이며, 나는 그 선교적 여정에 **초대된 동역자**일 뿐입니다.

사례 : 목적 없는 사역의 공허함

한 청년은 "선교가 멋있어 보여서" 단기선교에 참여했습니다. 그러나 2주간의 일정 동안 그는 선교사역에 제대로 적응하지 못했고, 현지인과 깊은 관계도 맺지 못했습니다. 돌아온 그는 "그냥 관광 다녀온 것 같다"며 허무함을 토로했습니다. 이는 선교의 신학 없이 떠난 사역의 전형적인 실패 사례입니다. 가기 전, 왜 가는지를 묻는 훈련이 반드시 필요합니다. 특별히 교회에서 단기선교팀을 구성할 때 파송전 교육의 가장 중요한 우선순위를 이곳에 두어야 하는 이유입니다.

2
영적 준비 :
먼저, 무릎으로 떠나라

Spiritual prepararion :
First, Begin the journey on Your knees

2011년 여름, 한 청년이 필리핀 선교지로 떠나기 전, 리더는 그에게 이렇게 말했습니다.

"너는 비행기를 타기 전에 먼저 기도의 골방에 들어가야 해."

그 청년은 처음엔 의아했지만, 출국 전 21일 동안 매일 말씀을 묵상하고 금식하며 기도에 헌신했습니다. 그리고 현장에서, 그는 예상치 못한 영적 충돌과 내면의 혼란 속에서도 **하나님의 임재를 인식하는 민감한 영성**을 유지할 수 있었습니다.

단기선교는 단지 가는 사역이 아니라, 보내시는 하나님의 마음에 참여하는 영적 여정입니다.

따라서 '영적 준비'는 단기선교의 실질적이고 필수적인 시작이다.[1]

핵심 준비 요소

- **기도** : 개인기도, 중보기도, 교회 공동체의 파송기도
- **금식** : 욕구의 절제와 영적 감각 회복
- **말씀 묵상** : 매일 10분이라도 '하나님 나라'에 집중하는 내면 훈련
- **영적 일기** : 사역 전·중·후의 영적 상태 기록

"기도 없이 떠나는 선교는, 나침반 없이 떠나는 항해와 같다."

3
복음 메시지를 문화적으로 전하기 : 언어 너머의 소통

Communicating the Gospel culturally :
Beyond language barriers

우리는 종종 복음을 '문장'과 '교리'로 여깁니다. 그러나 복음은 선언이자 사건이며, 삶 입니다. "예수님은 당신을 사랑하십니다."라는 문장을 복음이라 착각한 채, 문화와 맥락, 언어의 해석을 무시하고 전달할 때, 그 메시지는 오히려 거부감을 일으킬 수 있습니다.

한 선교팀은 인도 북부 힌두 지역에서 '예수만이 유일한 길'이라는 브로셔를 배포했습니다. 그러나 힌두 다신론 전통에서 '유일함'은 **폭력적 배타성**으로 인식되며, 이는 현지인의 분노와 항의로 이어졌습니다. 팀은 복음을 말했지만, **그 복음이 들리지 않**

는 방식으로 전했던 것입니다.

복음을 문화적으로 번역하는 훈련은 단기선교의 필수 항목입니다. '십자가', '구원', '죄', '은혜'같은 단어들이 어떤 문화에서는 전혀 다른 의미로 받아들여질 수 있다는 사실을 이해해야 합니다. 단기선교사는 메시지의 핵심을 놓치지 않으면서, **언어, 상징, 예화, 비유, 태도**를 통해 복음을 '그들의 언어'로 살아내야 하는 것입니다.

사례 : 열린 문과 닫힌 문

태국 북부의 한 불교 마을에서 선교팀이 아이들과 놀며 "예수님은 참된 길입니다."라는 문구가 적힌 티셔츠를 나눠줬습니다. 그런데 이 표현은 **불교 교리에서 '팔정도'를 지칭하는 고유어**로, 기독교가 불교를 모욕한다는 오해를 불러일으켰습니다. 그러나 그 팀은 메시지를 "당신은 존귀한 존재입니다."로 바꾼 후, 오히려 아이들과 부모들이 먼저 다가오는 반응을 경험했습니다.

4
타문화를 경청하는 법 : 감수성의 훈련

Listening to other cultures :
Training in cultural sensitivity

문화란 단순한 외적인 습관의 문제가 아닙니다. 그것은 한 사회가 **삶의 의미를 조직하는 깊은 무의식적 틀**입니다. 단기선교자가 그 문화를 이해하지 못한 채 복음을 말할 때, 그 말은 공기 중에 사라지거나 오해를 일으키기가 쉽습니다.

문화 감수성은 먼저 **배우려는 자세, 판단을 보류하는 태도, 경청하려는 마음**에서 시작됩니다. Lingenfelter는 문화의 6가지 차원(세계관, 가치, 행동양식, 역할, 언어, 상징)을 통해 선교적 감수성을 훈련할 수 있다고 말하고 있는데 이 부분을 다시금 기억해야 할 필요가 있는 것입니다.

사례 : 상징의 충돌

미국에서 온 선교팀이 남수단의 한 마을에서 '희망'을 상징하는 노란 풍선을 나눠주며 복음을 전했습니다. 그러나 그 문화에서 '노란색'은 **죽음과 저주**를 의미했습니다. 아이들은 풍선을 받고 울었고, 부모들은 선교팀을 피했습니다. 이 사례는 **비언어적 상징의 오독이 복음의 본의마저 왜곡할 수 있음을 경고**합니다.

문화는 '틀린 것'이 아니라 '다른 것'입니다. 단기선교자는 복음을 전하기에 앞서, **그들의 문화를 사랑하고 이해하고 존중할 줄 아는 마음**을 먼저 준비해야 합니다.

5
사전 교육과 현지 정보 습득 :
복음을 전하기 전에, 그들의 세계를 배워라

Pre-field training and local insight :
Learn their world before you share the Gospel

한 단기선교팀이 이슬람권 국가에 도착한 후, 한 여성 팀원이 짧은 반바지를 입고 거리로 나갔습니다. 그녀는 돌아오자마자 현지인들이 자신을 계속 쳐다본다고 불평했지만, 그것은 **문화적 실수**였습니다.

그 나라에서 여성의 노출은 **무례함과 도덕적 결함**을 의미하는 상징이었기 때문입니다.

단기선교의 실패는 대부분 '영성의 부족'보다 '정보의 부족'에서 발생합니다.[2]

복음을 전하려면, 먼저 그들의 세계와 문화, 언어, 신념을 이해해야 합니다.

사전 학습 항목

- **종교와 신념 체계** : 이슬람/힌두교/불교의 기초 이해
- **언어** : 인사, 감사 표현, 기본 대화
- **사회적 구조** : 권위, 나이, 성 역할 등의 문화적 가치
- **현지 교회 상황** : 사역 현황, 기도제목, 지도자 인물

"복음을 전하려면 먼저 그들의 눈으로 세상을 바라볼 줄 알아야 한다."

6
공동체를 이룬다는 것 : 팀워크와 영성 훈련

To form a community :
Teamwork and spritual training

단기선교는 '혼자 떠나는 경건한 여행'이 아닙니다. 그것은 **하나님이 불러 모으신 사람들과 함께 걸어야 하는 여정**이며, 공동체 없이 선교는 존재하지 않습니다. 예수께서 제자들을 둘씩 짝지어 보낸 것처럼, 선교는 공동체적 구조 안에서만 그 의미와 효과를 온전히 발휘 합니다. 또한 바울의 선교 여정도 늘 동역자들과 함께 이루어졌으며, 그는 복음을 나누는 일이 곧 '영적 교제(Koinonia)'라고 보았습니다.(빌1:5)

선교란 단지 메시지를 전파하는 것이 아니라, 그 메시지를 담고 있는 공동체의 **존재 방식 자체를 보여주는 일**입니다. 교회는 단지 전도하는 기관이 아니라, 복음을 사는 공동체입니다. 그러므로 단기선교는 **작은 교회로서의 공동체 훈련장이 되어야 하며**, 팀워크는 전략적 협력만이 아니라 신학적 존재의 방식이 되어야 합니다.

다양한 배경과 성향을 가진 사람들이 하나의 팀이 되어 함께 일하려면, 그 자체로 갈등과 긴장이 일어날 수밖에 없습니다. 이 갈등을 피하려 하지 말고, **공동체를 세우는 영적 훈련의 기회**로 삼아야 합니다. 팀워크 훈련은 협동과 순종, 책임감뿐 아니라, 자기 인식과 감정 조절, 중보 기도와 섬김이라는 **보이지 않는 영성 훈련**이기도 합니다. 이 모든 과정은 성령의 열매(갈5:22-23)를 구체적 삶의 실천으로 형성해가는 시간이 되는 것입니다.

현대 선교학자 Van Rheenen은 선교 공동체 안에서 일어나는 영적 성장은, "상황의 어려움보다 **공동체 안에서 사랑을 체험하는 경험**을 통해 더 강력하게 일어난다."고 강조 하였습니다. 이는 단기선교가 단지 파송된 이들의 '사역'이 아니라, **하나님 나라를 드러내는 관계적 현현**이라는 점에서 의미가 깊습니다.

공동체는 훈련 없이 이루어지지 않습니다. **영적 팀워크는 단기선교의 신학적 핵심**입니다. 예수 그리스도의 몸 된 교회로서, 우리는 그분 안에서 함께 보내심을 받는 것입니다.

팀 구성과 역할 분담 - '몸으로 구성된 공동체'

한 팀은 모두 열정적이었지만, 서로의 역할이 명확하지 않아 선교지에서 혼란이 일어났다. 의료 사역자와 찬양 인도자가 사역 시간이 겹쳐 다투었고, 통역자는 아무런 브리핑도 받지 못한 채 당황했다. 결국 현지 목회자는 말했다.

"여러분은 하나의 팀이 아니라, 여섯 개의 팀이 따로 움직이고 있었습니다."

선교는 '혼자 하는 사역'이 아니라, '함께 사는 사역'이다.

팀 구성은 단지 역할의 나열이 아니라, **하나의 몸으로 조율된 유기적 공동체 구성**이어야 합니다.[3]

효과적인 팀 구성의 요소

역할	핵심 임무
팀 리더	전체 일정 및 의사결정, 영적 분위기 조성
중보자	매일 현장에서의 기도 이끄는 중심
문화 브리핑 담당	현지 문화 및 예절 교육
찬양 / 예배 인도자	영적 분위기와 공동체 예배 인도
기록 / 홍보 담당	간증 정리, 보고서 / 영상 등 아카이빙(Archiving)

모든 구성원은 '나의 사역'이 아니라 '하나님의 사역'에 동역자로 부름받았다는 인식을 공유해야 합니다.

"선교는 팀워크가 아니라, 코이노니아(영적 연합)이다."

7
예기치 못한 순간에 대비하기 : 위기관리 훈련

Preparing for the unexpected crisis :
Crisis Management

선교 현장은 언제나 예측 불가능합니다. 정치적 상황, 자연재해, 건강 문제, 안전 위협, 소통 오류, 팀 내 불일치 등은 단기선교가 마주하게 될 수 있는 **실질적 위기들**입니다. 이를 대비하지 않은 선교팀은 당황하고, 때로는 사역 자체가 중단되거나, 팀원 간의 신뢰가 무너질 수도 있습니다.

따라서 단기선교 훈련에는 반드시 **위기상황에 대한 이론적 대비와 실제적 시뮬레이션**이 포함되어야 합니다. 응급처치, 현지 의료 시스템, 대피 경로, 현지 언어 기초, 위험 인지 훈련, 심리적 회복 전략 등이 필요합니다.

사례 : 태풍 속의 신뢰

2015년 여름, 한 선교팀이 필리핀 내륙 지역에서 사역 중 **급작스런 태풍**으로 고립되었습니다. 식량과 통신이 차단된 상황에서, 이들은 평소 훈련받았던 위기 대응 매뉴얼을 따라 역할을 나누고, 지역 교회와 협력하여 안전을 확보했습니다. 훈련된 팀장은 매일 기도와 말씀 묵상으로 불안을 다스렸고, 후속 지원 도착까지 3일간 평안과 질서를 유지했습니다. 위기는 팀워크와 영성, 신뢰의 시험대였으며 동시에 훈련의 결실이었습니다.

8
선교적 태도와 기본 예절 :
하나님의 사람답게 머무는 법

Missionary attitudes and basic etiquettes :
How to remain as a witness of God

선교는 '무엇을 하는가'만큼 중요한 것이 '어떻게 있는가'이다. 복음은 말로만 전달되는 것이 아니라, **몸짓과 눈빛, 태도와 인내로 전해진다.**[4]

"선교는 문화 위에 복음을 붙이는 것이 아니라, 복음을 입은 사람을 그 문화 안에 심는 것이다."
― Charles Van Engen[5]

STM 태도의 기본 7가지

1. 겸손하게 배울 준비를 할 것
2. 현지 교회를 판단하지 말 것
3. 음식/생활 방식의 차이를 존중할 것
4. 지속적인 질문과 경청을 할 것
5. 사역보다 관계를 우선할 것
6. 비판보다 중보기도를 선택할 것
7. 모든 행동은 복음을 대표함을 기억할 것

"우리는 복음을 전하러 가는 자가 아니라, 복음으로 존재하는 자다."

9
멈춰 서서 돌아보는 지점 : 피드백과 디브리핑

A point of reflection :
Feedback and Debriefing

선교는 돌아오는 순간에도 끝나지 않습니다. 오히려 그때부터 **진짜 선교가 시작됩니다.** 선교지에서 경험한 감정, 만남, 갈등, 기쁨, 눈물은 팀원 각자의 내면에 흔적으로 남아 있습니다. 이를 정리하고 나누고 되새기지 않으면, 그 경험은 흩어지고 사라지게 됩니다.

피드백과 디브리핑은 단기선교가 **하나님과 자신, 공동체와의 관계 안에서 어떤 의미였는지 통합적으로 성찰하는 시간**입니다. 또한, 하나님께서 그 경험을 통해 나에게 무엇을 말씀하셨는지 듣고 응답하는 자리이기도 합니다.

사례 : 변화는 정리에서 시작된다

한 대학생은 라오스에서 돌아온 후, 자신의 헌신이 진정한 것인지 혼란스러웠습니다. 그러나 팀 디브리핑에서 "당신을 통해 우리가 사랑을 경험했어요."라는 현지 교인의 한마디를 다시 떠올리며 눈물을 흘렸습니다. 이후 그는 선교 간증문을 쓰고, 교회에서 나눔을 인도하면서 자신이 받은 은혜와 부르심을 확신하게 되었습니다.

좋은 피드백은 단기선교를 **경험에서 부르심으로, 체험에서 삶으로 전환시키는 통로**가 됩니다. 선교의 열매는 선교지에만 있는 것이 아니라, **돌아온 자의 삶과 공동체 안에서 자라나는 것입니다.**

마무리

떠나는 자가 아니라, 부름받은 자로 준비하라.

단기선교는 일시적 체험이 아니라, **영원한 부르심에 반응하는 여정**입니다.

복음은 준비된 자의 입술이 아니라, **깨끗한 손과 순종하는 삶을 통해 선포됩니다.**

"단기선교는 어디에 가느냐보다, 어떻게 가느냐가 중요합니다."

10
단기선교는 시작이다
Short-Term Mission is beginning

우리는 자주 묻습니다. "단기선교가 과연 효과가 있는가?" 그러나 더 근본적인 질문은 이것입니다.

"단기선교는 나를 어떻게 변화시켰는가?"

선교는 내가 누군가를 위해 무엇을 했는가를 측정하기보다, 하나님께서 나를 어떻게 다시 빚어 가시는지를 목도하는 여정입니다.

단기선교는 끝이 아닙니다. 그것은 하나님의 선교에 부름 받은 한 사람의 '처음 걸음'입니다. 그 걸음은 부르심으로 이어지고, 때로는 직업의 방향을 바꾸고, 가정과 교회의 중심을 새롭게 하며, 세계를 향한 하나님의 마음을 품는 사람으로 자라게 합니다.

그러므로 단기선교는 가기 전부터 훈련이고, 갔다 와서도 훈련이며, 결국 **하나님 나라 백성으로 살아가는 영적 길잡이입니다.**

우리는 보내심을 받았고, 다시 돌아와 또 다시 보내는 자가 되는 것입니다.

그 여정의 시작 앞에, 우리는 훈련으로 응답해야 한다.

그룹 성경공부 및 토론 질문

1. **"단기선교의 진정한 목적은 무엇입니까? 우리는 왜 가야 합니까?"**
   마태복음 28:18-20 "그러므로 너희는 가서 모든 민족을 제자 삼아 아버지와 아들과 성령의 이름으로 세례를 베풀고…"
   → 단기선교가 단순한 일정 수행이 아니라 교회의 선교적 고백임을 나누고, 선교의 동기와 방향성을 점검해보세요.

2. **"선교지 선정에서 '하나님이 이미 일하시는 곳'이라는 기준은 왜 중요합니까?"**
   누가복음 10:1 "예수께서 친히 가시려는 각 동네와 각 지역으로 둘씩 앞서 보내시며…"
   → 우리가 원하는 곳이 아닌, 하나님이 가시고자 하는 곳을 찾는 선교적 분별에 대해 토의해 보세요.

3. **"단기선교팀 내 각자의 역할은 공동체와 사역에 어떤 영향을 미칩니까?"**
   고린도전서 12:4-7 "은사는 여러 가지나 성령은 같고… 각 사람에게 성령을 나타내심은 유익하게 하려 하심이라"
   → 팀장, 기도 리더, 문화 담당, 돌봄 리더 등 각각의 역할이 복음을 살아내는 공동체에 어떻게 기여할 수 있는지 구체적으로 나눠보세요.

4. **"선교 준비 훈련이 왜 '신학적 여정'이 되어야 할까요?"**
   마가복음 6:7-12 "열두 제자를 부르사 둘씩 보내시며… 회개하라 전파하더라"
   → 선교 전 훈련(세계관·문화 민감성·영성·팀워크)이 현지 사역에 실질적으로 어떤 영향을 줄 수 있을지 경험과 연결해 보세요.

5. **"단기선교는 교회 전체의 사명입니다. 보내는 교회는 어떤 역할을 감당해야 할까요?"**
   요한복음 20:21 "아버지께서 나를 보내신 것 같이 나도 너희를 보내노라"
   → 단기선교가 '보내는 교회'의 제자도 실천이라는 관점에서, 교회 공동체 전체가 어떻게 함께 참여하고 지속적으로 선교 문화를 형성할 수 있을지 고민해 보세요.

제10장

단기선교 이후의 삶
돌아왔는가, 아니면 보내심을 받은 것인가?

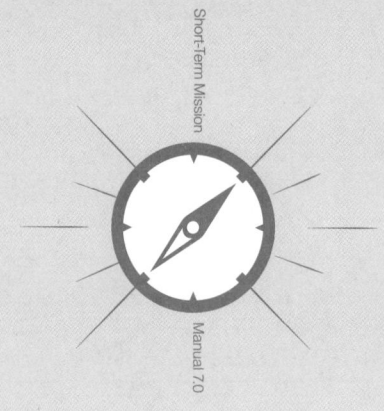

"당신은 단기선교를 다녀온 것이 아닙니다.
당신은 하나님의 선교에 들어온 것입니다."

1
귀국 후 적용과 간증 : 단기선교는 끝났지만, 하나님의 일은 계속된다

Application and testimony after return :
The Short-Term Mission is over, but God's work continues

2017년 여름, 한 청년이 네팔의 히말라야 마을로 단기선교를 다녀왔습니다. 그는 돌아온 후, 원래대로 교회에 출석하고, 아르바이트를 하고, 일상으로 복귀했습니다.

하지만 무언가 달랐습니다.

기도할 때마다 히말라야의 그 아이들의 얼굴이 떠올랐습니다.

그는 결국 **신학교에 입학했고, 5년 후 그 땅에 장기선교사로 다시 돌아갔습니다.**

단기선교는 일회적 사역이 아닙니다.

그것은 하나님이 우리의 삶 전체에 던지는 부르심의 씨앗입

니다.¹

귀국 후 STM 참가자는 다음과 같은 중요한 질문을 스스로에게 던져야 합니다

- "나는 무엇을 보고, 무엇을 배웠는가?"
- "하나님은 왜 나를 그 땅에 보내셨는가?"
- "이제 나는 어떻게 살아야 하는가?"

"단기선교는 끝나는 지점이 아니라, 하나님 나라 여정의 출발선이다."

간증은 '감동'으로 끝나는 이야기가 아니라, **삶의 방향을 재정비하는 영적 내비게이션**이 되어야 합니다.²

2
선교적 삶의 지속 :
후원, 훈련, 장기 헌신
Sustaining a missional life :
Support, Training, and Long-Term Commitment

선교사례

박 집사는 50대 중반에 단기선교로 몽골을 다녀왔다.

그는 말도 잘 못하고, 체력도 약했지만, 사역지에서 만난 한 장기선교사의 헌신에 감동받았다.

돌아온 후, 그는 매달 선교 헌금을 드리며 장기선교사를 후원하기 시작했고, 자신의 카페 한편을 "열방을 위한 기도공간"으로 바꾸었다.

그의 인생은 여전히 한국에 있었지만, 마음은 매일 열방으로 향했다.

"선교는 반드시 '현장'에서만 살아지는 것이 아니다. 선교는 '삶의 패턴'으로 전환되는 것이다."

귀국 후의 선교적 삶에는 다음과 같은 다양한 형태가 있다.

지속 방식	실천 예시
중보기도	매일 선교지를 위한 기도 노트 작성
재정 후원	선교사/기관/현지 교회 정기 후원
훈련 지속	선교신학 강의, 이슬람 이해 세미나 등 수강
동원 사역	다른 성도들에게 선교적 삶을 증언/전파
장기 헌신	선교사 후보 훈련, 제자도 프로그램 참여

"당신이 직접 가지 않아도, 보내고 중보하며 함께할 수 있다."
— Ralph Winter[3]

3
교회 내 선교 운동의 불씨로 발전시키기
To ignite a spark for a missional movement within the church

단기선교는 개인의 변화에서 멈추면 안 된다.
그 불꽃은 교회 전체로 번져야 한다.

한 시골교회는 청년부 두 명이 단기선교를 다녀온 후, 교회에 '열방의 밤' 기도회를 시작했고, 그해 말 처음으로 자체 선교헌금 목표를 설정했다. 지금은 3개국에 장기선교사를 파송한 교회로 성장했다.

"선교는 몇몇의 열정이 아니라, 교회 전체의 정체성이 되어야 한다."
— David Bosch[4]

단기선교를 **선교 교육, 선교 동원, 선교 헌신의 플랫폼**으로 활용하면, 그것은 **한 개인을 넘어서 교회를 깨우는 하나님의 도화선**이 된다.

실천적 아이디어들

- '단기선교 간증의 날'을 통한 전 교회 동참 분위기 형성
- 선교지에 대한 지속적 기도 포스터/지도 게시
- 후속 팀 조직 및 장기선교 후보 훈련 그룹 개설
- 아동/청소년 대상 '열방 교육 커리큘럼' 개발

마무리 : 돌아온 자, 아니면 다시 보내어진 자?

단기선교는 질문을 남긴다.

"나는 돌아온 것인가, 아니면 다시 보내어진 것인가?"

하나님의 부르심은 특정한 시간이나 장소에만 유효하지 않다. **모든 크리스천은 선교적 정체성을 부여받은 '하나님의 파송자'다.**

우리는 세상의 어느 자리에서든 복음의 증인이며, 그 복음은 **내가 다시 살아내는 삶 속에서** 가장 강력하게 전해진다.

"선교는 지리적 이동이 아니라, 존재의 변화를 요구한다."
— Christopher Wright

그룹 성경공부 및 토론 질문

1. 단기선교가 끝난 후, 나는 어떤 변화와 부르심을 느꼈습니까?

이사야 6:8 "내가 또 주의 목소리를 들은즉 이르시되 내가 누구를 보내며 누가 우리를 위하여 갈꼬 하시니 그때에 내가 이르되 내가 여기 있나이다 나를 보내소서."
→ 단기선교 중 혹은 이후에 하나님의 부르심을 들은 경험이 있다면 함께 나누고, 그 부르심이 오늘 나의 삶과 어떻게 연결되는지 이야기해 보세요.

2. 귀국 이후, 나의 신앙과 삶은 어떻게 이어지고 있습니까?

빌립보서 1:27 "오직 너희는 그리스도의 복음에 합당하게 생활하라…"
→ 단기선교의 감동을 일상의 신앙과 삶에서 어떻게 지속하고 있는지 나누고, 그것이 복음에 합당한 삶으로 이어지기 위해 필요한 습관이나 결단은 무엇인지 생각해보세요.

3. 나는 '선교적 삶'을 어떻게 지속적으로 살아가고 있습니까?

사도행전 1:8 "오직 성령이 너희에게 임하시면 너희가 권능을 받고… 땅끝까지 이르러 내 증인이 되리라 하시니라."
→ 선교지를 다녀온 후, 기도, 후원, 증언, 훈련, 장기적 헌신 등 구체적인 실천 방법 중 어떤 것들을 시도하고 있는지 나눠보세요.

4. 나의 간증은 공동체를 어떻게 변화시킬 수 있을까요?

시편 96:3 "그 영광을 열방 중에, 그의 기이한 행적을 만민 중에 선포할지어다."
→ 단기선교 후 간증을 통해 교회나 공동체에 어떤 선한 영향력이 퍼질 수 있는지, 그리고 그러한 선교 문화가 어떻게 확장될 수 있을지 논의해 보세요.

5. 나는 '돌아온 자'입니까, 아니면 '다시 보내어진 자'입니까?

요한복음 20:21 "아버지께서 나를 보내신 것 같이 나도 너희를 보내노라."
→ 선교를 일회성 활동이 아닌 정체성의 변화로 받아들인다면, 지금 내가 있는 삶의 자리에서 하나님은 나를 어디에, 누구에게 보내고 계신지 나눠보세요.

제11장

단기선교 이후의 디브리핑과 장기파송 전략

선교의 완성이 아닌 시작을 위한 연결

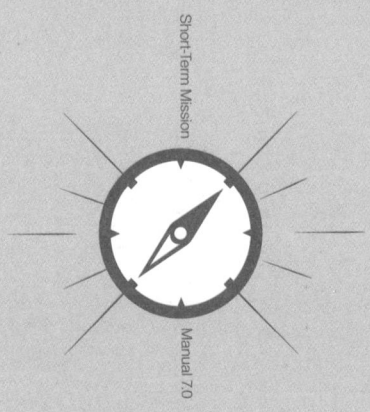

"복음을 전하는 손길은 잠시 머물렀지만,
그 씨앗은 누군가의 가슴에 평생의 소명을 심었다."

서론 :
단기선교는 끝이 아니라 시작이다

Introduction :
Short-Term Missionary is not the End, but the Beginning

이 장에서는 위에서 언급했지만 다시 한번 좀 더 구체적으로 단기선교 이후의 교회내에서 공동체를 형성하기 위한 중요한 영적 여정을 함께 다루어 보기를 원합니다. 단기선교는 일정이 종료되는 순간 마무리되는 하나의 프로그램이 아닙니다. 그것은 오히려 복음의 여정을 살아가는 존재로 부르시는 하나님의 부르심에 응답하는 시작점입니다. 선교는 일정이나 행위가 아니라, 정체성의 문제이며, 이는 선교적 존재로서의 삶의 방식으로 이어지는 지속적인 영적 여정입니다. 진정한 선교는 현장에서의 체험이 귀국 후 개인의 삶과 지역 공동체에 어떻게 전이(Transference)

되며, 어떤 열매로 이어지는가에 따라 완성됩니다.

　신학적으로, 단기선교는 구속사 속에 흐르는 '보냄의 하나님'(Missio Dei)의 성품에 대한 응답인 것입니다. 하나님은 아들을 보내셨고, 교회를 세상 가운데 파송하셨습니다. 단기선교는 이러한 파송의 영성에 참여하는 '소규모 구속사'입니다. 데이비드 보쉬(David Bosch)는 『Transforming Mission』에서 "선교는 신학의 모태이며, 교회의 존재보다 앞서는 하나님의 구속 행위"라고 말하였습니다. 그러므로 단기선교는 단순한 선한 행위가 아니라, 하나님의 선교에 동참하는 신학적 순례입니다.

　다시 말하면 선교신학적 관점에서 단기선교는 **파송과 귀환**이라는 **이중적 리듬**을 지닙니다. 파송은 외부로의 향함이지만, 귀환은 공동체를 향한 복음의 내면화 과정인 것입니다. 그런 의미에서 귀국 후의 디브리핑은 그간의 체험을 신학적으로 성찰하고, 그 의미를 삶의 자리에서 살아내도록 돕는 중요한 사역이 될 것입니다. 선교가 단순한 '갔다 옴'의 이야기가 되지 않으려면, 반드시 '디브리핑'을 통해 그 경험을 공동체와 연결해야 할 것입니다. 이는 선교가 관계이며, 교회가 함께 짊어져야 할 사명임을 일깨우는 과정이기 때문입니다.

　심리학적으로도 단기선교는 강렬한 체험 이후 찾아오는 공허함(Post-Mission Depression)을 동반할 수 있습니다. 이는 낯선 문화에서의 몰입, 공동체적 의존, 영적 각성 등의 경험이 일상으로 복귀하며 겪는 정체성의 혼란 때문 입니다. 그러나 이러한 공백은 회피되어야 할 문제가 아니라, 자기 성찰과 영적 재구성의 기회 입니다. 진정한 통합은 감정을 억제하는 것이 아니라, 그것을 해석하고 의미화할 때 일어 납니다. 그러므로 디브리핑은 단기선교의 '후속편'이 아니라, 가장 신학적이고 영적인 마무리이며 새로운 시작입니다.

나아가 단기선교는 교회의 파송 공동체성을 회복시키는 계기가 됩니다. 단기선교를 통해 떠난 이는 다시 돌아와 복음의 증언자로 서며, 교회는 그의 경험을 통해 선교적 정체성을 다시 확인하여야 합니다. 교회가 이 과정을 과소평가하거나 무시하게 될 때 오히려 단기선교 때문에 교회내의 연합과 화합을 다치게 되는 경우를 종종 보게 됩니다. 왜냐하면 **파송은 개인의 것이 아니라 공동체의 것이기 때문입니다.** 그러므로 디브리핑은 선교사를 위한 절차가 아니라, 교회를 위한 선교적 갱신의 통로입니다.

이 장에서 우리는 단기선교 이후의 디브리핑 과정과 장기파송으로 이어지는 전략을 다시한번 살펴볼 것입니다. 단기선교는 일회적 체험이 아니라, 장기적 부르심을 위한 예비교육이며, 하나님 나라의 확장을 위한 씨앗 심기이기 때문입니다.

귀국 후의 삶이야말로 그 열매가 자라는 시간이며, 선교의 진정한 '현장(Mission Field)'입니다. 그러므로 단기선교는 끝이 아니라, 진정한 시작 입니다. 이제 우리는 다시 그 질문 앞에 섭니다.

"주님, 내가 이제 어디로 가야 하며, 누구와 함께 이 복음을 살아내야 합니까?"

그 질문이야말로 단기선교의 진정한 결실인 것입니다.

1
디브리핑의 신학적 의의
Theological significance of debriefing

귀국(Re-entry)은 신학의 자리 입니다. 디브리핑은 단순한 보고나 나눔 시간이 아닙니다. 그것은 현장에서 경험한 하나님의 역사를 해석하고, 자기 신앙을 새롭게 정립하는 신학적 성찰의 공간 입니다. Bosch는 『Transforming Mission』에서 "선교는 신학의 모태이며, 모든 신학은 선교적 경험에서 나온다."고 강조합니다.[1] 한국의 한 청년이 여름방학 동안 방글라데시의 한 도시에서 단기선교를 마치고 귀국한 후, "왜 나는 여전히 한국에 있고, 그 땅의 고통은 계속되는가?"라는 질문 속에서 깊은 고민을 시작했고, 결국 신학대학원에 진학하게 된 사례는, 디브리핑

이 개인의 인생을 변화시키는 '성찰의 공간'이자 '부르심의 계기'가 될 수 있음을 보여 줍니다.

디브리핑의 실제적 과정

신학적 통찰에서 실천적 통합으로 디브리핑은 다음과 같은 네 가지 단계로 구성될 수 있습니다.

① 경험의 회고 (Recollection)
- 매일의 기록(Daily log), 인상 깊었던 순간, 예상치 못했던 감정, 타문화와의 차이에서 느꼈던 충격 등을 정리한다.
- 이 과정은 감정적 정리뿐 아니라 선교지에서의 모든 체험을 전체적으로 조망하는 단계이다.

② 신학적 해석 (Theological Reflection)
- 디브리핑의 핵심은 단순한 나열이 아니라, 하나님이 이 경험 속에서 어떻게 역사하셨는지를 해석하는 것이다.
- 성경 묵상과 신학적 대화를 통해 경험을 해석하고, 그것이 나의 신앙 여정에서 어떤 의미를 갖는지를 되짚는다.

③ 삶의 통합 (Integration)
- 선교지에서의 영적 경험을 일상 속 신앙생활로 어떻게 연결

할 것인지 고민한다.
- 이 단계는 일종의 '삶의 전이(Transference)' 단계로서, 단기선교를 통해 얻은 통찰이 지속 가능한 삶의 태도로 자리잡도록 돕는다.

④ 공동체와의 통합 (Communal Integration)
- 디브리핑은 개인의 성찰을 넘어 교회의 공동체적 정체성과도 연결된다.
- 단기선교자의 증언이 교회의 신앙과 선교 의식을 새롭게 하고, 후속 기도와 파송의 기초가 되도록 한다.

디브리핑은 단기선교의 마무리가 아니라, 삶 속에서 선교적 존재로 살아가기 위한 거룩한 전환점입니다. 신학적 해석을 통한 경험의 재구성과 공동체적 나눔은 단기선교를 단지 추억이 아닌, 하나님 나라에 참여하는 제자도의 시작으로 인도합니다. 디브리핑은 선교 여정에서 가장 중요한 '돌아온 이후의 신실한 순종'을 준비하는 과정이 되는 것입니다.

2
경험의 신학화
Theological reflection of Experience

영성신학적 통찰

　단기선교에서의 감정, 갈등, 기쁨, 좌절은 단순한 체험에 그치지 않습니다. 그것은 영혼 깊은 곳에서 울리는 하나님의 음성이며, 성령께서 개인의 내면을 빚어가시는 거룩한 마중물 입니다. 영성신학은 이러한 체험을 '은혜의 통로'로 이해하며, 우리가 겪는 무력감이나 좌절조차도 하나님의 자비를 체험하는 신비한 지점으로 보게 합니다.

　한 청년이 필리핀의 아이들과의 만남 속에서 느꼈던 '무력감'은, 인간의 한계를 넘어서 하나님의 긍휼하심을 배우는 영적 배움의 장이었습니다. '내가 할 수 있는 것이 없을 때, 하나님의 사랑만이 유일한 복음이 될 수 있다는 것을 그들은 내게 가르쳐 주었습니다.' 이 고백은 단지 감정의 표현이 아니라, 하나님의 임재 앞에서 인간의 무력함이 비로소 거룩한 깨달음으로 전환되는 순간이었다는 것입니다.

경험은 해석될 때 비로소 신학이 되며, 그 신학은 삶을 새롭게 형성 합니다. 선교지에서의 체험은 일회성의 사건이 아니라, 하나님과의 깊은 만남 속에서 인간의 존재론적 질문에 응답하는 신학적 사건 입니다. 이러한 해석의 과정은 '기도의 신학', '눈물의 신학', '동행의 신학'으로 이어져, 단기선교사는 체험의 서사 속에서 신학의 문을 두드리는 순례자가 되는 것입니다.

3
단기선교 이후의 성찰
Reflection after Short-Term Missionary work

'왜 나는 아직 한국에 있는가?'
많은 단기선교 참가자들이 귀국 후 공허함을 경험 합니다.

그러나 그 공허함 자체가 곧 신학의 자궁이 될 수 있습니다. "하나님, 왜 지금 나를 여기에 남겨두셨습니까?"라는 질문은 보냄을 기다리는 자들의 기도가 됩니다. 디브리핑은 이 질문을 억누르지 않고, 공동체와 함께 해석해가는 치유의 통로이자 파송의 서곡입니다. 이 디브리핑을 통해 단기선교시 경험했던 자신의 주관적 경험을 좀 더 성령의 빛 앞에서 조명을 받으며 추수의 일군 되신 하나님 아버지의 주관적이며 실질적인 이끄심과 음성을 듣는 훈련을 해야 할 것입니다.

디브리핑의 실제 구성

구조와 영성의 통합으로 효과적인 디브리핑은 다음 세 단계를 포함해야 한다

① 감정 정리 - "나는 무엇을 느꼈는가?"
- 문화충격, 기쁨, 좌절, 감사 등 다양한 정서를 정리하도록 돕는다.
- 이 과정에서는 '해석'보다 '표현'이 중요하다. 저널 쓰기, 감정 단어 카드 활용 등이 유익하다.

② 경험 해석 - "하나님은 무엇을 보여주셨는가?"
- 팀 디보션(Team Devotion), 말씀 묵상, 성경적 나눔 등을 통해 하나님의 관점에서 경험을 재구성하도록 돕는다.
- 바울의 고린도 체류와 같은 사례를 통해 감정과 사역의 맥락을 연결시킬 수 있다.

③ 삶의 통합 - "이제 어떻게 살아갈 것인가?"
- 귀국 이후 실천할 수 있는 순종의 결단을 구체적으로 나누

고, 공동체가 이를 기억하고 격려하는 구조가 필요하다.
- 예 : 이주민 선교, 선교 후원자 되기, 일터선교 실천 등

4
장기 파송 전략
A Long-Term Mission Sending Strategy

단기선교에서 장기소명으로 단기선교를 통해 장기 선교사로의 부르심을 자각하는 이들이 많습니다. 그러나 대부분 그 열정이 '귀국 3개월 이내'에 식습니다.[2]

그러므로 다음과 같은 전략이 필요합니다.

장기파송 전략의 실제화 - 소명을 부르는 여정의 동반자 되기

① 공동체의 동반자화
- 단기선교를 통해 선교의 부르심을 경험한 참가자들에게, 교회 공동체는 단순한 보고를 듣는 수동적 청중이 아니라, 소

명을 함께 분별하는 영적 동반자 역할을 해야 합니다.
- 지역 교회 내에 '선교 소명 나눔 그룹'을 구성하거나, 선교 경험자와 장기 선교사, 선교신학적 멘토가 함께하는 멘토링 시스템을 구축함으로써, 참여자의 내면 여정을 함께 걷는 구조를 마련해야 합니다.
- 이는 바울과 디모데, 바나바와 마가의 동행과 같은 공동체적 전통을 오늘날 회복하는 길이기도 합니다.

❷ 단계별 훈련 경로
- 단기선교는 장기 선교를 위한 하나의 '영적 입문 과정' (Missional Initiation)입니다.

따라서 다음과 같은 체계적 경로 설계가 요청됩니다.
- 단기선교(2주 - 3개월)
- 귀국 디브리핑 및 신앙·소명 정립
- 중간 체류(6개월 - 1년) : 선교 현장 경험, 언어 훈련, 문화 적응
- 신학교/선교훈련원 연계 훈련 : 신학적 기초와 선교현장 중심 훈련 통합
- 장기 선교사 파송 및 후속 멘토링 지속 : 이 경로는 '하나님의 부르심'이 감정의 고조에서 그치는 것이 아니라, 공동체

안에서 길러지고 검증되며, 철저한 준비와 훈련을 거쳐 삶의 부르심으로 실현되는 여정을 의미합니다.

③ 소명 일기와 전인적 지원
- 소명 일기는 단기선교 이후의 개인적 경험과 내면의 흐름, 하나님 앞에서의 질문과 기도, 그리고 변화된 삶의 의지를 기록하는 영적 여정의 일기 입니다. 이 일기는 하나님과의 지속적인 대화이며, 공동체와의 나눔 자료가 됩니다.
- 더불어 교회는 이 여정을 돕기 위해 다음과 같은 전인적 지원 시스템을 마련해야 합니다.
- 영적 지원 : 정기적 멘토링, 영적 동반자 배정
- 심리적 지원 : 귀국 후의 문화역충격(Culture Re-entry Shock) 에 대한 심리 상담 제공
- 사회적·경제적 지원 : 후원자 연결, 소그룹 기도 후원회 조직, 부모 및 가족 대상의 정보 제공 세미나 등

이러한 지원은 단기선교의 열매가 단순한 추억이나 감정적 결단에 머무르지 않고, 장기적이고 책임감 있는 제자도로 연결되도록 돕는 것이다.

디브리핑 이후의 과정이야말로 단기선교 사역의 열매가 맺히는 시점 입니다. 교회는 단기선교자들을 단순한 '간증자'로 소비하는 것이 아니라, 하나님의 부르심을 받은 제자로 길러내는 '파송 공동체'로서의 자기 사명을 회복해야 합니다. 선교는 완결된 프로그램이 아니라, 하나님이 부르신 이들을 위한 동반과 돌봄, 그리고 계속되는 보내심의 여정입니다.

실제 사례

- **사례 1** : 서울의 한 청년부는 단기선교 후 소명 분별 모임을 운영하면서, 5년간 7명의 장기선교사를 파송했다.
- **사례 2** : 한 직장인은 몽골 단기선교 후 매주 '소명 일기'를 작성하고, 3년 후 NGO를 통해 몽골에 장기 파송되어 사역하고 있다.

5
단기선교는 뿌리를 내리는 시작점이다
Short-Term Mission is the Start point where Roots beging to grow

단기선교는 때로는 낯설고 불편하며, 문화적 충돌과 내면의 갈등을 경험하는 여정입니다. 그러나 복음주의적 관점에서 보면 선교란, 단순한 이벤트가 아니라 하나님의 구속 역사에 참여하는 성육신적 삶의 실천입니다. 단기선교는 일정이 끝난 후 진정한 시작을 맞이 합니다. 그것은 귀국 이후의 삶 속에서, 공동체 안에서, 그리고 일상이라는 선교지에서 복음을 살아내는 새로운 출발점입니다.

결정적인 질문은 '단기선교가 개인의 감정적 고양이나 일시적 열정으로 끝나는가, 아니면 교회 공동체 안에서 신학적으로 해석되고 소명으로 구조화 되어가는가'이다. 이 질문 앞에서 디브리핑은 핵심적인 과제가 됩니다. 디브리핑은 선교 경험의 단순 보고가 아니라, 말씀과 공동체 안에서 그 경험을 해석하고 삶으로 녹여내는 신학적 성찰의 시간 입니다. 한 사람의 눈물이 신학이 되고, 한 번의 실패가 새로운 헌신으로 전환될 수 있는 거룩한 전환점이 바로 이 과정에서 만들어 집니다.

교회는 이 과정을 단순한 평가로 치부해서는 안 됩니다. 디브리핑은 공동체가 함께 복음을 묵상하며, 하나님이 우리 가운데 어떤 일을 하셨는지를 경청하는 자리 입니다. 이는 곧 교회가 '보내는 교회'로서의 정체성을 회복하는 순간이며, 단기선교가 교회를 갱신하는 은혜의 통로로 작용하는 방식 입니다.

장기파송으로의 연결은 단기선교의 열매다. 그러나 이는 자동적으로 주어지지 않습니다. 소명을 식별하고 훈련하며 지속 가능한 헌신으로 이어지도록 돕는 공동체의 동반자적 구조가 요청 됩니다. 교회 내에 '소명 나눔 모임'이 조직되고, 선교 일기 작성과 멘토링이 병행되며, 심리적·재정적·신학적 지원이 함께 제공될 때, 단기선교는 장기 선교사역의 마중물이 됩니다. 필자는 오엠 국제선교회 안에서 사역하면서 허다한 열매들을 경험 하였습니다. 국제팀 안에서 단기선교를 경험했던 젊은 이들은 수 년 뒤에 더 성숙한 그리고 준비된 사역자로 장기선교사로 그들이 사역하고 경험했던 필드로 장기선교사가 되어 돌아왔던 것입니다.

단기선교는 복음의 씨앗을 뿌리는 여정이며, 디브리핑은 그 씨앗이 뿌리를 내리는 시간 입니다. 그리고 장기선교는 그 씨앗이 열매 맺는 밭이 되는 것 입니다. 하나님은 우리의 짧은 순종을 사용하셔서, 영원한 열매를 거두 십니다. 그 여정 속에 교회가 있습니다. 그리고 그 길 끝에, 하나님 나라가 있습니다.

이제 교회는 묻습니다. 우리는 누구를 보낼 것인가? 그리고 또 하나, 우리는 어떤 공동체로 그들을 다시 맞이할 것인가? 단기선교는 끝이 아니라, 교회가 복음을 다시 배우는 시작점이기 때문입니다.

나는 확실히 믿습니다. 교회가 이 여정을 잘 설계할 때, 단기선교는 열정에 그치지 않고, 소명과 헌신의 통로로 자리매김할 수 있다는 점을 말입니다.

오늘도 주님은 교회를 향하여 이렇게 외치고 계십니다. "너희가 넉달이 지나야 추수할 때가 이르겠다 하지 아니하느냐 내가 너희에게 이르노니 눈을 들어 밭을 보라 희어져 추수하게 되었도다."(개역한글 요4:35)

교회를 향한 주님의 음성을 우리는 들을 수 있어야 할 것입니다.

그룹 성경공부 및 토론 질문

1. 내가 단기선교 이후에 느꼈던 가장 강렬한 감정은 무엇이었는가? 그것을 어떻게 해석했는가?
2. 선교 후 귀국했을 때 신앙적으로 혼란스러웠던 경험이 있는가? 그것을 공동체와 어떻게 나누었는가?
3. 디브리핑 시간을 통해 참가자의 삶에 지속적인 변화를 이끌어내기 위한 구체적 방법은?
4. 장기파송을 위한 교회의 역할은 무엇이며, 교회가 해야 할 실제적 준비는 무엇인가?
5. '소명 일기'나 '멘토링 시스템'이 실제 공동체에 어떻게 적용될 수 있을지 논의해보라.

제12장

효율적 단기선교의 실제와 원칙

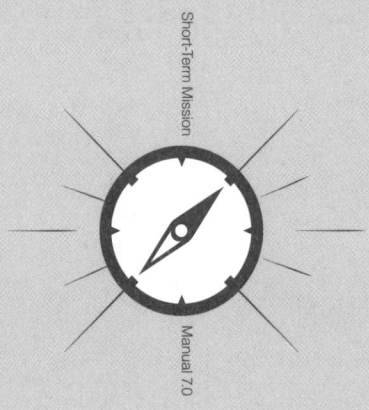

"너희는 세상의 빛이라 산 위에 있는 동네가
숨겨지지 못할 것이요."

- 마태복음 5:14

서론
Instruction

COVID-19의 팬데믹(Pandemic)에서 엔데믹(Endemic)으로 전환된 시점에 우리는 서 있습니다. 교회마다 회복에 대한 강한 기대와 열망으로 가득 차 있습니다. 팬데믹 상황에서 멈추어졌던 모든 사역이 일시에 정상적으로 회복될 수는 없어도, 반드시 회복되어야 할 과제와 도전은 존재합니다. 그중에서도 단기선교의 전략적 회복은, 오늘날 교회가 실천해야 할 중요한 사명 중 하나입니다.

선교의 패러다임은 시대적 상황에 따라 달라져 왔습니다. 오늘날 보편화된 단기선교와 단기선교사의 개념은, 불과 100년 전만 해도 상상할 수 없는 일이었습니다. "모든 민족을 제자로 삼으라."는 명령이 모든 그리스도인에게 주어진 보편적 책무임에도 불구하고, 1960년대 초까지만 해도 선교는 안수받은 성직자의 전유물이라는 인식이 교회 전반에 퍼져 있었습니다.

그러나 냉전 시대 공산주의가 동유럽까지 확산되고, 중동과 아프리카, 북아프리카의 수많은 나라들에서 공식적인 기독교 선교가 불가능해진 상황 속에서 새로운 선교 전략으로 부상한 것이 바로 단기선교 운동이었습니다. 기존의 선교사 신분으로 들어갈 수 없던 나라들에, 학생과 직장인, 여행자 등의 신분으로 접근하여 1년에서 3년 미만의 기간 동안 사역을 감당하는 새로운 패러다임이 등장한 것입니다.

한국교회에 단기선교가 일반화된 것은 하나님의 특별한 은혜였습니다. 1990년 구소련의 붕괴로 닫혀 있던 지역들이 열리자, 서구 교회를 중심으로 전략적 단기선교가 급물살을 탔습니다. 1988년 '선교한국 1회 대회'를 시작으로 한 청년 중심의 선교한국 운동은, 한국교회를 선교국가로 이끄는 중요한 발판이 되었습니다.

필자 또한 미국 유학을 준비하던 시절, 1989년 OM선교회의 '러브 유럽(Love Europe)' 1회 대회에서 독일 오펜바흐에서 열린 수련회에 참석하게 되었습니다. 조지 버워, 로렌 커닝햄, 토니 캠폴로, 브라더 앤드류 등 당대 영적 거장들의 메시지를 듣고, 벨기에 겐트의 터키 무슬림들과의 만남을 통해 무슬림 세계에 대한 하나님의 마음을 접하게 되었습니다. 그 계기를 통해 필자는 미국행 대신, 튀르키에 선교사로 헌신하게 되었습니다. 이처럼 단기선교는 한 사람의 인생을 바꾸고, 선교의 지형을 바꾸는 영적 계기임이 분명합니다.

1
교회의 필요보다 선교지의 필요가 우선되어야 한다

The needs of the Mission Field must take
Priority over the Needs of the church

단기선교를 계획할 때 가장 흔히 발생하는 착오 중 하나는, 교회 중심의 필요와 일정을 우선으로 삼는 것입니다. 그러나 선교는 본질적으로 하나님의 나라와 복음의 필요를 따르는 것이며, 교회의 필요를 충족시키기 위한 이벤트가 아닙니다.

일반적으로 지역교회가 단기선교팀을 보낼 때는 대부분 1주에서 4주 미만의 짧은 기간 동안 이루어지는 경우가 많습니다. 선교팀이 장년층에서부터 청년, 청소년 심지어는 주일학교 아이들까지 연령을 초월한 구성원들인 경우가 많습니다. 지역교회의 특성상 선교를 경험하고 선교의 도전을 받을 수 있는 좋은 기회이기에 되도록 많은 사람이 그 기회를 얻게 하자는 취지일 것이다.

하지만 선교는 체험학습이 아니다. 선교현장의 긴급한 필요, 현지 선교사의 요청과 전략이 우선되어야 합니다. '교회가 보내고 싶은 사람'이 아니라 '현장에 필요한 사람'을 보낼 수 있는 안목과 겸손이 요구됩니다. 이것은 곧 선교적 겸양(Missionary Humility)의 실천입니다. Kevin M. Dyer는 "선교는 복음이 필요한 곳에 복음을 전하는 일이지, 전하고 싶은 방식으로 전하는 일이 아니다"라고 말했다.[1]

한 중형교회는 매년 필리핀의 한 지역에 단기선교를 보내왔습니다. 수년 간 일관된 프로그램(찬양, 율동, 선물 나눔)으로 사역해왔으나, 현지 목회자는 "지역 보건 교육과 위생 지도, 장비 지원이 더 절실하다"는 요청을 했습니다. 교회는 그 해부터 치위생사와 보건교사를 중심으로 팀을 재편하였고, 지역 초등학교에서 위생교육과 양치질 지도, 물품 지원 사역을 실시했습니다. 이는 지역사회로부터 큰 호응을 얻었고, 복음에 대한 반응도 열렸습니다.

'누가 복음을 전할 것인가?'보다 더 본질적인 질문은 '누가 들을 준비가 되어 있는가?'이다. 선교는 듣는 자의 필요에서 출발해야 하며, 이는 예수님께서 사람들의 갈급함을 보시고 먼저 찾아가셨던 모습과도 같습니다.(막1:38 참조) 선교신학적으로도 이는

'청중 중심의 접근(Audience-Centered Mission)'이라 불리며, 현대 선교 이론에서 중요한 원칙 중 하나로 자리잡고 있습니다.[2]

2
선교현장의 리더십은 교회가 아니라 선교사에게 있어야 한다

Leadership on the Mission Field belong to the Missionary, not the Sending church

'단기선교팀이 현장을 방문했을 때, 주도권은 누구에게 있는가?' 흔히 교회에서 팀을 파송하면 그 리더십도 자연히 교회 측에 있다고 생각하기 쉽습니다. 그러나 현장은 선교사의 사역지이며, 그 땅의 영적 흐름과 문화적 맥락을 가장 잘 아는 이도 선교사입니다.

선교현장의 모든 프로그램과 일정은 선교사가 주도하고 교회는 협력자로 섬겨야 합니다. 한 선교지는 선교팀이 오기 전 수개월 동안 기도로 준비하고 현지 사역자들과 일정을 조율해 두었지만, 교회 측 팀장이 도착하자마자 "이건 우리 방식이 아니다."

며 프로그램을 전면 수정해버렸습니다. 그 결과, 현지 사역자와의 관계는 단절되었고, 선교사 역시 현지 교회와의 신뢰를 회복하는 데 수개월이 걸렸습니다.

선교현장에서 흔히 일어나는 일반적 현상 하나는 단기팀을 파송하는 교회는 '갑'이고 현장 선교사는 '을'되는 경우입니다. 한국과 현지의 상황을 고려하지 못하면 숙소, 음식, 그리고 관광 프로그램에 이르기까지 현장과는 전혀 다른 해석을 하게 되는 경우가 많습니다. 본인이 기대하고 원하는 음식이나 과일이 나오지 않으면 '선교사가 성의가 없다.'는 식의 반응이 이어지고, 선교사를 평가하거나 감정적으로 몰아가는 태도가 자주 나타납니다. 군 시절, 보초를 서는 초병이 전방이 아닌 내부 순찰로만 감시하는 것처럼, 선교현장과 현지인 교회의 필요를 살피기보다 단기팀의 '심기 경호'에만 집중하는 사례가 의외로 많습니다.

이런 혼란을 막기 위해서는 출발 전부터 선교사와의 철저한 소통이 필요합니다. 선교사는 팀의 역량을 고려해 사역 일정을 제시하고, 교회는 선교사의 인도하에 겸손히 순종하는 자세를 가져야 합니다. 복음은 질서 안에서 역사합니다. 현장의 영적 질서를 인정하고, 선교사를 하나님의 현지 대리자로 존중하는 자세가 단기선교의 영적 유익을 배가시킵니다.

이러한 선교현장의 질서에 대한 인식은 선교신학적 기반 위에서 더욱 명확해집니다. Leroy Eims는 "권위와 섬김의 조화를 아는 지도자만이 현장의 리더로 서야 한다."고 강조하며, 선교사는 단기팀의 '조율자'가 아니라 사역의 '현지 책임자'로 인정받아야 한다고 말합니다.[3]

더불어 Greg Parsons는 "현지 문화와 구조를 모르는 상태에서의 선교사역은 오히려 해를 끼칠 수 있다."며, 리더십의 현지 위임이 선교 전략의 핵심임을 강조합니다.[4]

3
선교사와 상의하지 않은 약속을 현지인들과 하지 말라

Do not make Promises to locals without Consulting the Missionary

선교지에서 자주 일어나는 실수 중 하나는 교회 단기선교팀이 감동을 받은 나머지 선교사와 상의 없이 현지인들에게 약속을 하는 것입니다. 이는 재정 지원, 초청장 제공, 향후 장학금 약속 등 매우 다양한 형태로 나타납니다. 그리고 선교사나 교회조차 모르게 개인적인 통로를 통해 재정적인 지원을 하는 경우는 더더욱 현지인 교회공동체의 혼란과 질서를 무너뜨리는 가장 위험스러운 일이 될 수 있습니다. 현지인을 돕고 싶은 감동이 오는 것은 성령님의 감동이라면 순종하되 그 실천은 꼭 현지선교사와의 자문을 통해 선교사를 통해 진행될 수 있도록 하는 것이 가장 바람직한 선교의 실천이라는 점을 필자의 경험을 통해 강조하고 싶습니다.

대부분의 경우 감동에서 비롯된 선한 의도일 수 있지만 결과적으로는 선교현장의 질서를 혼란스럽게 하고, 현지 교회와 공동체에 깊은 상처를 남기는 일이 될 수 있습니다. 한 사례로, 한 청년 선교팀이 동남아의 한 지역에서 어린이들을 섬기던 중, 감동을 받아 한 현지인에게 한국 방문 초청을 약속했습니다. 그러나 귀국 후 현실적 여건과 비자 문제로 초청은 무산되었고, 해당 현지인은 공동체에서 큰 실망을 겪었으며 선교사에 대한 신뢰까지 흔들렸습니다.

현지 문화와 체계를 이해하지 못한 채 약속하는 모든 말과 행동은 아무리 선한 동기에서 출발했을지라도 신중해야 한다. 하나님께서 주신 감동이라 할지라도 반드시 선교사와 협의하여 현지 상황에 맞는 적절한 방식으로 실행되어야 합니다. 선교현장의 신뢰는 수년 동안 쌓아 올려야 하지만, 작은 실수 하나로 무너질 수 있음을 기억해야 합니다.

단기선교는 '주는 자'와 '받는 자'의 수직적 관계가 아니라, '동역자'로서의 수평적 관계 안에서 이루어져야 합니다. 현지인을 단지 도움의 대상으로 삼는 것이 아니라, 그들과 함께 하나님의 나라를 세워가는 동역자로 바라볼 때, 선교는 더욱 건강하게 열매 맺을 수 있습니다.

이와 같은 원칙은 선교신학적으로도 지지받습니다. Craig Ott는 선교의 관계성에서 일방적 전달이 아닌, 상호적이며 상생적인 구조가 되어야 한다고 강조하며, 문화 간 신뢰와 존중이 선교의 핵심적 기반임을 강조한다.[5]

또한 Robert Priest는 단기선교에서 감정적 결정이나 충동적 행위는 종종 현지 교회와 공동체에 해를 끼칠 수 있음을 지적하고, 모든 실천은 선교사와의 충분한 협의를 통해 이뤄져야 한다고 강조한다.[6]

4
단기선교 훈련은 철저하게 현장 중심으로 준비되어야 한다

Short-Term Mission Training must be throughly
Prepared with a strong focus on the field

단기선교를 준비할 때 가장 소홀히 여겨지는 부분 중 하나는 출발 전 훈련의 깊이와 방향성입니다. 많은 교회들이 팀 구성과 항공권, 숙소 예약 등에 집중하는 사이 정작 중요한 영적 훈련과 현장 이해에는 소홀해지기 쉽습니다.

실제로 한 교회는 동남아 지역으로 단기선교를 떠나기 전 찬양과 율동, 복음 메시지를 중심으로 간단한 리허설 정도만 진행했습니다. 그러나 현장에 도착했을 때, 그 지역은 무슬림 밀집 지역으로 공개적인 찬양과 전도가 사실상 불가능한 상황이었고, 준비된 사역은 모두 무용지물이 되었습니다. 선교팀은 당황했고,

선교사는 민망함과 동시에 현지 사역자들과의 신뢰 회복에 수개월이 걸렸습니다.

단기선교는 짧은 기간이지만, 그 영향력은 매우 큽니다. 따라서 훈련 과정에서 반드시 다루어야 할 세 가지 요소가 있습니다.

첫째, 선교적 세계관과 성경적 선교 이해.

둘째, 파송지의 역사·문화·종교·언어에 대한 깊은 이해.

셋째, 팀워크 훈련과 자기 점검, 그리고 영적 훈련.

단기선교 훈련은 단순한 오리엔테이션이 아닙니다. 이는 단기선교팀이 현장에 도착했을 때 '손님'이 아닌 '동역자'로서 설 수 있도록 만드는 신앙적 준비의 시간입니다. 교회는 이 훈련의 중요성을 인식하고, 최소 4주 이상 충분한 사전 교육을 시행해야 하며, 가능하다면 선교사가 직접 훈련에 참여하여 실질적인 조언과 조율이 이루어질 수 있도록 해야 합니다.

효율적인 단기선교는 출발 전에 이미 결정됩니다. 훈련 없는 헌신은 준비되지 않은 돌격과 같으며, 이는 자신뿐 아니라 현장 공동체에도 상처를 남길 수 있습니다. 단기선교의 훈련은 그 자체가 이미 선교의 일부이며, 철저히 현장 중심이어야 합니다.

현장 중심 훈련의 중요성은 선교신학적 관점에서도 강조됩니다. Craig Ott와 Stephen Strauss는 『Global Church Planting』

에서 선교 현장에 참여하는 이들이 반드시 복음의 본질과 문화적 맥락에 대한 훈련을 받아야 한다고 말합니다.[7]

또한 Robert Priest는 단기선교의 효과를 높이기 위해 문화 감수성과 언어 훈련을 포함한 포괄적 사전 교육이 필요하다고 강조합니다.[8]

5
다른 교회들과 차별화된 경쟁을 하는 선교를 지양하자

Let us avoid doing mission work in a way that competes with or seeks to differentiate ourselves fron other churches

    단기선교 사역에서 발생할 수 있는 대표적인 오류 중 하나는 '차별화된 사역'을 추구하며 나타나는 교회 간 경쟁이다. 이 경쟁은 사역의 본질인 복음 전파보다 '우리 교회만의 독창적인 프로젝트' 혹은 '이전에 없던 새롭고 특별한 사역'에 집착하게 만들며, 결과적으로 현지 선교지에 분열과 혼란을 초래할 수 있습니다.

    단기선교가 자칫하면 개교회 중심의 자랑이 되거나 경쟁적인 중복 투자로 흐를 위험이 있습니다. 어떤 교회는 "우리 교회는 올해 ○○명, ○○곳에 파송했다"며 수치 중심의 선교 실적을 자랑하는데 몰두하기도 합니다. 그러나 선교는 '많이 하는 것'이 아니라 '필요에 응답하는 것'이어야 합니다. 선교는 하나님의 선교(Missio Dei)이지, 교회의 프로젝트가 아닙니다.

실제로 한 선교지는 3개의 한국 교회가 동시에 단기팀을 보내 일정과 사역이 겹치고 자원도 중복되면서 현장에 큰 혼란이 빚어졌습니다. 어느 팀은 음악사역을, 다른 팀은 공사사역을 준비했으나 서로 협의가 되지 않아 현지 교회는 감당할 수 없는 부담에 시달렸습니다. 심지어 현지인은 "한국 교회끼리 왜 이렇게 다투느냐"는 말을 하기도 했습니다.

또 다른 사례로, 한 지역교회는 단기선교를 위해 자신들의 일정에 맞춰 사역을 강행하려 했고, 이미 사역 중이던 타 교회 단기팀과 충돌이 생겨 현지 목회자가 조정하는 데 큰 어려움을 겪은 일이 있었습니다. 선의로 출발했지만 사전 조율 부족으로 현지 사역자들에게 오히려 피로감을 안겨준 대표적인 경우였습니다.

예를 들어, 한 선교지는 오랜 시간 동안 여러 교회가 협력하여 의료선교와 교육사역을 진행해오고 있었습니다. 그런데 새로 참여한 교회가 "우리는 다르게 해야 한다."며 현지 교회와 상의 없이 고아원 설립을 추진했습니다. 처음에는 화려한 개관식과 대규모 지원으로 주목받았지만, 1년이 채 되지 않아 운영비 부족과 현지 행정 혼선으로 폐쇄되었고, 아이들은 다시 거리로 나앉게 되었습니다. 이 사례는 '선한 의도'라 해도 현지 교회와의 협력 없이 진행된 독단적 사역이 어떤 파장을 불러오는지를 잘 보여줍니다.

선교신학적으로, 하나님 나라의 선교는 '협력'과 '일치'의 정신 위에 세워져야 합니다. 바울과 바나바, 실라가 보여준 협력 사역의 모델은, 교회 간 연합이 복음의 능력을 더욱 강력히 드러내는 길임을 시사합니다. 『Lausanne Movement』에서도 '복음 중심의 협력 네트워크'를 지속적으로 강조하며, 개교회 중심의 경쟁보다 선교지의 통전적 필요에 기반한 파트너십을 우선시할 것을 권고합니다.[9]

문화인류학적으로도, 외부 단체의 반복적 개입과 중복 사역은 지역사회의 자생력과 리더십을 저해합니다. Paul Hiebert는 '선의의 간섭(Good Intentions)'이 오히려 문화적 긴장과 상처를 유발할 수 있으며, 모든 선교 사역은 현지 맥락과 공동체 역동성을 고려해야 한다고 강조합니다.[10]

이런 상황을 막기 위해서는 파송 이전부터 철저히 선교사와 소통하며, 타 교회와의 연합 가능성도 고려하는 자세가 필요합니다. 개교회의 경쟁이 아니라 하나님의 나라를 세우기 위한 공동체적 접근이 필요합니다. 선교는 한 영혼의 회심과 현지 공동체의 회복을 목표로 삼아야 합니다. 그러기 위해선 철저히 협력하고 조율하는 태도가 필요합니다.

무엇보다도 '그리스도께서 전파되심'이 단기선교의 중심이어야 합니다. 복음을 전하고, 사랑을 전하며, 현지 교회가 자립할 수 있도록 돕는 것이 선교의 본질입니다. 개교회의 영광이 아니라 하나님 나라의 확장을 목표로 삼을 때, 진정한 선교의 열매가 맺힙니다.

교회는 '무엇을 보여줄 것인가'보다 '어떻게 함께할 것인가'를 중심으로 단기선교를 설계해야 합니다. '우리가 먼저'가 아니라 '우리가 함께'라는 인식의 전환이 선교지를 하나의 주님의 몸으로 세우는 기초가 됩니다. 선교지에서 이름을 남기기보다, 그리스도의 이름만 높이는 선교. 이것이 진정한 단기선교의 자세입니다.

6
한 곳을 지속적으로 헌신하여 선교하라
Commit to One place and Serve there consistently in Mission

단기선교는 단기적이지만, 그 사역의 열매는 장기적으로 이어져야 합니다. 단기선교가 실제로 효과를 거두기 위해서는 반복적이고 지속적인 사역이 필요합니다. 매년 다른 나라, 다른 지역으로 '투어'하듯 다니는 단기선교는 현지인들에게 깊은 인상을 남기지 못할뿐더러, 자칫하면 '선교 관광'이라는 비판을 받을 수 있습니다.[11]

한 중형교회는 매년 방글라데시의 한 마을을 찾아 사역했습니다. 첫해에는 기초 보건교육과 어린이 성경학교를 진행했고, 둘째 해에는 현지 교회 건축에 필요한 자재를 지원했습니다. 셋째

해에는 지역 주민 중 신학생을 한국으로 초청하여 훈련시켰고, 이후 그를 통해 현지인 교회가 자립할 수 있도록 지원했습니다. 이렇게 5년 이상 같은 지역을 돌보며 협력한 결과, 그 마을에는 자립 가능한 교회와 리더십이 세워졌고, 현지인은 더 이상 '외부 도움'이 아닌 '내적 자원'으로 지역을 섬기기 시작했습니다.

이처럼 한 곳에 집중하고 지속적으로 헌신하는 단기선교는 단기팀의 만족감뿐 아니라, 현지 교회와 성도들에게도 실질적인 변화와 희망을 안겨줍니다. 해마다 같은 얼굴, 같은 교회가 찾아온다는 것은 현지인들에게 깊은 신뢰를 주며, 그리스도의 사랑이 일회성이 아니라 '계속 머무는 사랑'이라는 사실을 증거하게 됩니다.[12]

또한, 지속적인 방문은 단기선교팀 자체에도 커다란 유익을 줍니다. 첫 방문에서는 문화충격을 겪던 청년들이 2년, 3년차에 다시 방문하며 사역의 맥을 이해하게 되고, 점차 중보기도자와 파송자로서의 책임감을 갖게 됩니다. 단기선교는 한 번의 경험으로 끝나는 '이벤트'가 아니라, 교회와 성도가 함께 살아가는 '선교 공동체'로 나아가는 통로가 되어야 합니다.

따라서 단기선교를 계획할 때, 단순한 프로젝트성 방문이 아닌, 장기적인 관계성과 지역 중심의 전략을 세워야 합니다. 반복

방문을 통해 지역 사회 안에서 신뢰를 쌓고, 선교사가 감당하지 못하는 부분을 채우며, 언젠가는 그 지역을 자립적 선교 거점으로 세우는 것 이것이 바로 하나님 나라를 세워가는 단기선교의 진정한 열매입니다.[13]

7
현지 문화를 바꾸려 하지 말고 존중하고 적응하라

Do not try to change the local culture,
Respect it and adapt to it

단기선교팀이 선교지에서 가장 자주 범하는 실수 중 하나는 '문화적 우월감'입니다. 무의식 중에, 혹은 선한 의도로라도 "우리는 옳고, 그들은 배워야 한다."는 태도로 접근할 경우, 현지인들과의 관계에 깊은 균열이 생길 수 있습니다. 특히 단기팀이 짧은 시간 동안 '교육자' 혹은 '지도자'의 위치에 서게 되면, 현지인들은 자신들의 문화나 전통이 존중받지 못하고 있다는 인상을 받기 쉽습니다.

한 선교지는 매년 단기팀이 방문하여 음악과 드라마를 활용한 전도집회를 진행해왔습니다. 그러나 이 프로그램은 현지 문화와는 동떨어진 양식이었고, 언어도 충분히 번역되지 않은 상태였습니다. 결국 현지 교회는 부담을 느끼게 되었고, 몇 해 후부터는 "이번에는 안 와도 괜찮습니다."라는 정중한 거절을 표현하기에 이르렀습니다. 팀은 충격을 받았고, 자신들의 수고가 오히려 민폐가 되었음을 뒤늦게 깨달았습니다.

문화는 단순한 생활양식이 아니라, 한 민족의 정체성과 신앙적 표현까지 포괄하는 총체적 현실입니다. 따라서 복음을 전파할 때에도, 문화적 충돌이 아닌 문화적 이해를 바탕으로 접근해야 합니다. 예수님께서 성육신하셔서 유대인의 문화 속으로 들어오신 것처럼, 선교도 현지 문화를 이해하고 그 안으로 들어가는 태도가 요구됩니다.

이를 위해 단기선교팀은 파송 전 철저한 문화교육을 받아야 하며, 선교지의 언어, 관습, 종교적 배경 등을 깊이 배우는 노력이 필요합니다. 현지의 전통음식과 의복, 예배 방식 등을 존중하고, 배우려는 자세는 단순한 '예의'를 넘어서 복음의 문을 여는 '열쇠'가 됩니다. 진정한 선교는 '다름'을 인정하고 '섬김'으로 다가가는 데서 시작됩니다.

문화적 겸손은 선교신학에서도 강조되는 핵심 덕목입니다. Craig Ott와 Stephen Strauss는 『Global Church Planting』에

서 문화 간 선교는 철저한 문화 적응을 통해 복음의 본질을 왜곡 없이 전달해야 하며, 선교사는 스스로의 문화를 비워내고 현지 문화를 경청하는 '겸손한 해석자'가 되어야 한다고 강조한다.[14]

또한 문화인류학자인 Paul Hiebert는 진정한 선교는 문화 내적인 복음화, 즉 '문화 속에서 이해되고 표현되는 복음'을 지향해야 함을 역설했습니다.[15]

성경은 우리에게 모든 족속에게 복음을 전하라고 명령하였지만, 그 복음은 언제나 '그 문화의 옷을 입고' 전달되어야 합니다. 우리가 전해야 할 것은 진리이지, 우리의 방식이 아님을 기억하십시오. 문화적 감수성을 지닌 선교는 복음의 신뢰도를 높이고, 진정한 관계 안에서 영혼을 변화시키는 씨앗이 됩니다.

8
단기선교는 현지 교회의 자율성과 문화적 리더십을 존중해야 한다

Short-Term Mission should honor the self-governance and cultural leadership of local churches

효율적인 단기선교는 '주는 자'와 '받는 자'의 구도로 움직이지 않습니다. 오히려 '동역'과 '상호 존중'이라는 원칙이 중심이 되어야 하며, 이는 단기선교가 문화적 식민주의나 무의식적인 권위주의에 빠지지 않도록 돕는 핵심적인 가치입니다.

어떤 교회는 단기선교 사역으로 동남아의 한 교회를 방문해 찬양팀을 세우고 성극을 지도했습니다. 그러나 선교 이후 현지인들이 이 프로그램을 지속하지 못했고, '외국인 방문에 맞춰 치른 행사'로 끝나고 말았습니다.

반면, 다른 한 교회는 현지 청년 지도자들과 충분한 교제를 나눈 후, 그들이 스스로 기획한 지역 아웃리치에 협력하였습니다. 결과적으로 이 사역은 지속 가능했고, 현지 교회의 자존감과 자립성을 높이는 데 기여했습니다.

선교신학적으로 볼 때, 하나님의 선교는 현지 공동체 안에 이미 임재하신 하나님의 사역에 동참하는 것입니다. 미리 계획된 사역을 수행하기보다, 현장의 '하나님이 하시는 일'에 귀 기울이고 순종하는 태도가 중요합니다. 이는 로잔운동(Lausanne Movement)에서도 강조되는 '현지 교회의 주도권 존중'과 연결됩니다.[16]

문화인류학적 관점에서 Edward T. Hall과 Paul Hiebert 등의 학자들은 타문화의 고유한 리더십 스타일과 커뮤니케이션 방식을 이해하지 못하면 문화적 충돌이 발생한다고 보았다. 단기선교팀이 이러한 배경을 고려하지 않고 일방적으로 사역을 진행할 경우, 오히려 현지 사역자들에게 위축과 혼란을 안겨줄 수 있습니다.

진정한 선교는 협력입니다. 그리고 그 협력의 시작은 '존중'입니다. 단기선교는 교회가 가진 자원을 나누는 것에 앞서, 하나님께서 이미 그 땅에 세우신 리더들을 믿고, 그들과 함께 걸어가는 길이 되어야 합니다. 단기선교가 지속가능한 열매를 맺기 위해서는, 현지 교회가 주체가 되고 외부 교회는 그 여정을 함께하는 조력자가 되어야 합니다. 이 원칙이 지켜질 때, 단기선교는 단순한 방문이 아니라, 하나님 나라를 함께 세워가는 신실한 여정이 될 것입니다.

9
단기선교는 지역 공동체와의 지속 가능한 관계 맺음이어야 한다

Short-Term Mission should aim to establish sustainable and ongoing relationships with the local community

교회가 진정한 선교적 열매를 맺기 위해서는, 단순한 '방문'이나 '단기적 개입'을 넘어, 지역사회와의 지속적인 관계 형성과 연대적 사역이 핵심이 되어야 합니다. 선교는 일방적 주입이 아니라, 하나님 나라의 복음을 지역 공동체 속에서 함께 살아내는 참여적 사건이기 때문입니다.

예를 들어, 한 한국교회가 아프리카 내륙 국가의 한 시골 마을을 10년 넘게 후원하며 방문 사역을 이어왔습니다. 처음에는 단기선교팀이 의료봉사와 유치원 건축을 중심으로 활동했지만, 해가 갈수록 마을의 필요를 현지인들과 함께 상의하고 공동으로 계획하는 구조로 바뀌었습니다. 이제는 선교사가 아니라 마을 주민들이 마을의 리더로 서고, 교회는 동역자로 자리매김하고 있습니다. 최근에는 그 지역 청년 하나가 신학교에 입학하며, 자국의 미래 선교를 준비하는 전환점이 되기도 했습니다.

이와 반대로, 단기선교팀이 마을에 정수시설을 설치하고 돌아갔으나 사후 관리가 전혀 되지 않아 1년도 안 되어 고장 난 시설이 방치된 채로 있는 사례도 있습니다. 지속가능성을 고려하지 않은 단기적 선행이 오히려 현지 공동체에 실망과 의존, 그리고 상처를 남길 수 있다는 교훈입니다.

선교신학적으로도, 하나님 나라는 공동체성(Koinonia)을 핵심 가치로 삼습니다. 하나님의 선교는 하나님-인간-이웃 간의 '화해와 일치'를 지향하며, 이를 위해서는 지역 공동체와의 연대가 필수적입니다. Craig Ott는 '단기선교가 가장 강력할 때는 현지 공동체와 지속적인 관계를 통해 장기적인 비전을 나눌 때'라고 강조한다.[17]

문화인류학적 관점에서도, 단기선교는 '한 사람 한 순간'이 아니라 '공동체 전체와의 관계'에 초점을 맞추어야 한다. 인류학자 Paul Hiebert는 외부 문화가 내부 공동체에 진입할 때, 진정한 변화는 관계적 신뢰를 바탕으로 서서히 일어난다고 보았습니다.[18] 단기선교가 비록 시간은 짧더라도, 관계는 깊고 오래 남는 사역이 될 때 진정한 변화의 가능성을 갖습니다.

단기선교는 마치 불꽃놀이처럼 화려하고 감동적인 '순간'이 되어서는 안 됩니다. 오히려 등불처럼 오래 타오르며, 현지 공동체의 필요와 비전에 따라 함께 걷는 연대의 여정이 되어야 합니다. 그럴 때, 단기선교는 일시적 프로그램이 아닌, 하나님의 나라를 함께 살아내는 삶의 동행이 될 것입니다.

10
단기선교는 하나님의 선교(Missio Dei)에 동참하는 성육신적 삶의 훈련이다

Short-Term Mission in a training in incanational living that
participates in the mission of God

 단기선교의 궁극적 목적은, 그리스도인의 삶이 단지 교회 안에 머무는 것이 아니라 세상 가운데 파송되어, 하나님 나라의 현실을 증거하는 삶이 되도록 훈련하는 데 있습니다. 단기선교는 '짧은 기간 동안 일어나는 행사'가 아니라, 교회 공동체와 개인이 하나님의 선교에 참여하는 실천적 도제 훈련입니다.[19]

 예수께서 이 땅에 성육신하신 사건은, 인간의 언어와 문화를 입고 사람 가운데 거하시며, 낮아지시고 섬기신 사건입니다.(요 1:14, 빌2:5-8 참조) 단기선교는 그리스도를 따르는 자들이 그분의 성육신적 삶을 본받아, 타문화 속에서 겸손히 배우고, 듣고,

섬기는 훈련입니다.[20]

한 선교지는 '외부 방문자'가 아니라 '가족'이 필요하다고 말한 적이 있습니다. 단기선교가 진정한 열매를 맺기 위해서는 '도와주러 온 사람'이 아니라 '함께 아파하고 웃고 기도하는 사람'으로 받아들여지는 경험이 있어야 합니다. 단기선교를 통해 파송된 성도들이 문화적 우월감을 내려놓고 낯선 삶의 방식 안에 들어가 이해하고 공감하는 그 순간, 복음은 말이 아니라 삶으로 증언됩니다.[21]

이런 점에서 단기선교는 교회 안에서 훈련된 신앙이 삶으로 전환되는 전환점이 될 수 있습니다. 사도행전에서 안디옥 교회는 기도 중에 성령의 부르심을 받아 바나바와 사울을 파송했습니다.(행13:1-3) 단기선교는 이처럼 기도 속에서 태어나고, 성령의 인도 아래에서 진행되며, 공동체의 파송을 통해 이루어지는 거룩한 순종의 여정이어야 합니다.

또한, 단기선교는 공동체적 영성 훈련의 장입니다. 준비과정에서부터 말씀, 기도, 금식, 훈련을 통해 개인과 공동체는 자신을 돌아보고 하나님의 음성을 듣는 훈련을 받습니다. 파송식에서 온 교회가 함께 기도하며 보내고, 귀환 후에는 간증과 나눔을 통해 교회 전체가 선교적 정체성을 재확인하게 됩니다. 이는 단기선교가 단지 '몇 명의 일시적 경험'이 아니라, '교회 전체의 선교적 갱신'으로 확장될 수 있는 구조를 지닌다는 것을 의미합니다.

따라서 단기선교는 교회의 중심이 '안으로 모이는 공동체'에서 '밖으로 흩어지는 공동체'로, '정체된 신앙'에서 '살아 있는 복음의 현장'으로 나아가게 합니다. 그리스도인이 선교적 존재로 살아가는 성육신적 여정은 단기선교를 통해 더욱 뚜렷하게 다듬어지고, 이 훈련을 통해 교회는 세상 속에서 하나님의 임재를 드러내는 '보냄받은 공동체'가 되는 것입니다.

그룹 성경공부 및 토론 질문

1. 단기선교는 '교회의 필요'가 아니라 '현장의 필요'에서 시작되어야 한다고 했습니다. 복음 전파에 있어 '듣는 자의 준비'는 왜 중요할까요?

마가복음 1:38 "우리가 다른 가까운 마을들로 가자 거기서도 전도하리니 내가 이를 위하여 왔노라 하시고"
→ 예수님께서도 사람들의 갈급함에 반응하셨습니다. 우리가 단기선교를 계획할 때, '누가 갈 것인가'보다 '누가 들을 준비가 되었는가'를 우선해야 하는 이유를 나눠보세요.

2. 단기선교에서 '선교사의 리더십을 존중하는 태도'는 왜 중요한가요?

히브리서 13:17 "너희를 인도하는 자들에게 순종하고 복종하라… 이는 그들이 너희 영혼을 위하여 경성하기를 자신들이 회계할 자인 것 같이 하느니라."
→ 선교사는 현장을 가장 잘 아는 리더입니다. 단기선교팀이 갖추어야 할 '겸손한 협력자'의 자세에 대해 이야기해 보세요.

3. 단기선교 중 '현지인과 약속하지 말라'는 원칙이 왜 중요한가요?

전도서 5:5 "서원하고 갚지 아니하는 것보다 서원하지 아니하는 것이 나으니"
→ 감동에 따른 즉흥적 약속이 현지 공동체에 어떤 혼란을 줄 수 있는지, 실제 사례나 경험을 나누며 지혜롭게 돕는 방법을 함께 고민해 보세요.

4. 단기선교는 일회적 방문이 아니라 지속 가능한 관계 맺음이어야 한다고 했습니다. 복음이 장기적으로 뿌리내리기 위해 우리는 무엇을 고민해야 할까요?

요한복음 15:16 "너희가 나를 택한 것이 아니요 내가 너희를 택하여 세웠나니… 너희로 가서 열매를 맺게 하고 그 열매가 항상 있게 하려 함이라"
→ 단기선교가 일회성 이벤트가 아닌 지속적인 동행이 되려면 어떤 전략과 태도가 필요할지 함께 나눠보세요.

5. 단기선교는 문화적 우월감이 아닌 성육신적 겸손을 요구합니다. 예수님의 성육신은 우리에게 어떤 본을 주셨습니까?

요한복음 1:14 "말씀이 육신이 되어 우리 가운데 거하시매…"
→ 낯선 문화 속으로 들어가는 선교자의 자세는 어떤 모습이어야 하는지, '배우는 자'로서의 태도와 실제적 적용을 이야기해보세요.

Short-Term Mission

Manual 7.0

선교에세이
산을 넘는 자들의 아름다운 발길

더러는 의심하는 자들도 있더라

　대학 졸업반이 되는 4학년 마지막 여름방학. 중간고사가 끝난 뒤, 교정은 한산했다. 학교 중앙 분수대의 시원한 물줄기만이 유일한 소리였다. 그해 여름, 내 학창 시절의 마지막 방학이라는 사실은 내 마음을 묘하게 센티멘탈하게 만들었지만, 나는 주저하지 않고 프랜 할머니 댁으로 향했다.
　대학4년간 오엠에스(One Mission Society)의 프랜 할머니가 인도한 영어 성경공부반은 방학 없이 이어졌고, 여름방학이 되어 모두의 사역을 위해 지방으로 흩어진 뒤에서 다른 학생들 대신 피터슨 선교사, 프랜 할머니, 그리고 나. 셋만의 깊은 시간이 이어졌다.

푸른 눈 은발의 프랜 할머니는 놀랍게도 유창한 이북 사투리를 쓰셨다. 6.25 전쟁 전까지 선천 지역에서 장로교 선교사의 딸로 자랐고, 전쟁으로 미국으로 떠났다가, 수십 년이 지나 다시 한국 땅을 밟은 분이었다. 길거리에서 이웃들을 만나면 이북 사투리로 정겹게 인사하시던 그 모습은 내게 신앙과 문화가 어우러진 하나의 전설 처럼 느껴졌다.

그분은 나를 '죠니(Johnny)'라 불렀다. 나는 한사코 "요한(John)"이라는 이름을 갖고 싶다고 요청했지만, 그녀는 웃으며 "요한은 너무 많잖아. 죠니가 훨씬 따뜻하지 않니?"라고 말씀하셨다. 사실 내가 요한이라는 이름을 갖고 싶었던 데에는 사연이 있었다. 고등학교 시절, 나는 『불타는 전도자 존 성』이라는 책을 읽으며 깊은 감동을 받았다. 중국 대륙을 복음으로 뒤흔든 존 성(John Song)은 나와 같은 '송'씨였고, 나는 그를 내 영적 워너비로 삼았다. 나도 그처럼 불타는 복음전도자의 삶을 살고 싶다는 소망이 내 안에 있었다. 그래서 나는 "요한"이라는 이름을 갖고 싶었던 것이다. 그러나 나중에야 알게 된 사실은. 죠니는 그녀의 아들의 이름이었다. 나는 그제야 그녀가 내게 주고 싶었던 마음의 무게를 이해할 수 있었다.

그녀의 남편 피터슨 선교사는 공군 대령 출신. 라디오 성우보다도 깊고 동굴 속 깊은 울림처럼 깊은 저음의 목소리를 가진 분이었다. 두 분은 나를 특별히 훈련시켰다. 『리더스 다이제스트』를 소리 내어 읽는 연습이었다. 내가 마치 국민학교 학생처럼 어린아이가 된 듯 유치하다는 생각이 들었지만 나의 부정확한 발음을 인내심을 갖고 교정해 나가고 계셨던 것이다. 나는 가장 쉬운 단어인 '처치(Church)'와 '칼리지(College)'의 발음도 틀리고 있었는데 대부분의 한국사람들이 간과하는 발음을 교정하며 발음이 얼마나 중요한지 그리고 내게 언어란 단지 기술이 아닌 인격의 통로임을 가르쳐주셨다.

두 분은 종종 나를 미군부대에 데려가 외국인과 자연스럽게 대화하게 하셨고, 내가 외국인에 대해 갖고 있던 심리적 장벽을 허물어주셨다. 지금 생각하면 그것은 철저한 '성육신 훈련'이었다.

그러던 어느 날, 두 분은 내게 새로운 제안을 하셨다. "죠니, 유학 가기 전에 단기선교를 꼭 다녀오면 좋겠구나." 선교란 단어는 그때까지 내 삶에 없던 단어였다. 그럼에도 프랜 할머니는 '러브유럽(Love Europe)'이라는 단기선교 브로셔와 흰 봉투 하나를 내게 건네셨다.

봉투 안엔 미국 수표가 들어 있었다. 'USD 300.00'이 적혀 있었지만 나는 '30,000달러'로 착각했다. 개인수표를 처음 받아 본 나는 같은 사이즈의 크기로 쓰여진 0의 숫자만으로 유학 전액 장학금이라도 주시는 줄 알고 가슴이 덜컥했다. 나중에야 우스운 해프닝이 되었지만, 바로 그 부담이 나를 러브유럽에 참가하게 만든 결정적 계기가 되었고 하나님은 때로 우리의 단순한 실수도 인도하심의 도구로 쓰신다는 사실을 알게 되었다.

"유럽, 이제 복음이 다시 필요하다." 이 문구가 내 마음에 파고들었다. 나는 참가를 결정했고, 프랜 할머니는 기쁨의 눈빛으로 축복해 주셨다.

러브유럽(Love Europe)은 오엠(OM)국제 선교회의 첫번째 대대적인 유럽복음화를 위한 전도 캠페인이었다. 놀랍게도 한국에서 120명의 젊은 이들이 참석하게 되었는데 1988년 올림픽 이후 여행자율화의 조치 이후 많은 기독청년들에 열린 놀라운 기회이기도 하였다. 독일 오펜바흐에서 열린 러브유럽 대회, 도심을 가로지르는 투명한 시냇물, 창고를 개조한 회관에 모인 전 세계 7,000여 명의 청년들. 그레함 켄드릭의 인도로 시작된 찬양은 천상의 울림처럼 가슴을 흔들었다. 서로 다른 피부색과 다른 언어를 쓰는 사람들이 모인 홀 끝에는 수십개의 통역 부스가 설치

되었고 동시에 터져 나오는 언어들의 소음은 마치 오순절때의 예루살렘에 와 있는 착각이 들었다. 그리고 잠시 후 요한계시록 7장 9-10절 말씀이 떠올랐다.

"각 나라와 족속과 백성과 방언에서 아무도 능히 셀 수 없는 큰 무리가... 보좌와 어린양 앞에 서서 외쳤다."

나는 그 현장 속에 있었다. 눈물이 흘렀다. 그것은 찬양 때문이 아니라, 하나님이 나를 그 자리에 세우신 이유 때문이었다. 이 다음에 나는 이와 똑 같은 경험을 천국에서 경험하리라는 감격이었다.

이후 나는 벨기에 겐트에서 5주간의 거리 전도 사역에 참여했다. 교회 바닥에서 슬리핑백을 깔고 자며, 심플한 삶을 살았다. 홍콩, 일본, 네덜란드, 독일, 멕시코에서 온 14명의 팀원과 함께, 미국 공군 대위 마이클이 이끈 그 팀은 복음으로 하나가 된 공동체였다.

나는 유럽의 이슬람화 현장을 목격했다. 특히 터키 이주 노동자들이 많았고, 나는 짧은 터키어로 복음을 전하며, 그들의 반응과 무관하게 씨를 뿌리는 일에 집중했다. 그런 중에 팀의 지도자였던 네덜란드 출신의 미리암 선교사는, 터키에서 8년간 선교하다가 추방당한 싱글 자매였다. 그녀의 입에서 터키 선교의 현실이 전해질수록 내 안의 무지가 점점 선명하게 드러났다.

나는 터키가 한때 비잔틴 제국의 중심이었고 초대교회의 유산이 살아 숨 쉬는 땅이었다는 것을 알면서도, 지금은 인구 5,800만 중 기독교인이 150명밖에 되지 않는다는 사실을 그때 처음 들었다. 선교사 수는 고작 200여 명. 너무나 충격이었다. 그때 내 마음 깊은 곳에서 회개의 눈물이 터져 나왔다.

"하나님, 나의 무지와 무관심을 용서하소서." 나의 무지를 회개하게 만들었다.

"하나님, 나의 무지를 용서하소서."

그리고 어느 날, 거리에서 만난 한 터키 청년이 아버지가 나를 초대하고 싶다며 집으로 이끌었다. 그곳에서 나는 한 노인을 만났다. 그는 내 뺨에 뜨거운 입맞춤을 세 번이나 하고는 이렇게 말했다.

"코렐리(한국인)는 피를 나눈 우리 형제야. 난 한국전쟁에 참전했고, 한국사람을 많이 보고 싶었다"고 고백 하셨다. 그런데 내게는 한쪽 팔이 없다는 사실을 보게 하셨다. 나중에 이 터키 할아버지는 한국의 동두천 전투에서 한 팔에 유탄을 맞아 한쪽 팔을 잃으셨다고 하셨다. 내가 이 팔을 잃었지만, 한국을 사랑해."

내 눈에도 눈물이 고였다. 내가 처음 만난 터키인은, 나를 위해 팔을 내어준 이방의 형제였다.

러브유럽 마지막 주간, 나는 질문하기 시작했다. "하나님, 저 잊혀진 땅을 그대로 두시려는 겁니까? 저를 터키로 부르시는 것입니까?"

귀국 후 나는 기도모임을 시작했다. 동료들과 함께 Operation World(후에 세계기도정보라는 책으로 출간됨)라는 기도책자에서 모슬렘인구가 90%가 넘는 나라를 선정해서 기도정보를 번역해서 채플에 참여하는 친구들에게 나눠주었다. 이슬람권 국가를 위한 월요 기도모임을 통해 하나님의 마음이 점점 내게 쏟아졌다. 그러나 선교사의 길은 쉬운 결정이 아니었다. 유학을 포기해야 했고, 어머니를 설득해야 했으며, 내 인생의 모든 계획을 내려놓아야 했다.

결국 나는 무릎을 꿇고 말했다. "주님, 제가 순종하겠습니다."

그때 주님께서 내게 주신 말씀은 마태복음 28장 17절.

"예수를 뵈옵고 경배하나, 더러는 의심하는 자들도 있더라."

이 말씀이 내게 너무나 직접적으로 다가왔다. 그 제자들은 의심했지만, 예수님은 그들을 떠밀지 않으셨다. 오히려 바로 그들에게 지상명령을 맡기셨다.

"하늘과 땅의 모든 권세를 내게 주셨으니... 너희는 가서 모든 민족을 제자로 삼으라."

그때 나는 깨달았다. 하나님께 중요한 것은 우리가 어떤 감정 상태에 있느냐가 아니라, 바로 그 사명을 명령하신 분이 누구냐는 사실이다. '하늘과 땅의 모든 권세를 가지신 분'께서 '너희는 가서 모든 족속을 제자로 삼으라'고 말씀하셨다는 이 진리는, 내 모든 의심을 꿰뚫고 깊은 신뢰와 순종으로 나를 이끌었다. 우리가 받은 사명은, 그 무게보다 더 크신 분으로부터 온 것이다. 나는 여전히 의심이 남아 있었지만, 그보다 더 큰 하나님의 부르심이 내게 있었다.

누군가 내게 묻는다. "선교사님, 어떤 말씀으로 소명을 받으셨어요?" 나는 이렇게 답한다. "마태복음 28장 17절, '더러는 의심하는 자들도 있더라.'"

그리고 한마디 덧붙인다.

"하나님을 크게 믿는 것보다 더 중요한 것은, 하나님을 더 크신 분으로 믿는 것입니다."

복음의 밀수꾼이 되다

네덜란드 드브론(De Brone)은 오엠선교회의 선교사 훈련과 마지막 파송이 이루어지는 깊은 상징의 장소였다. 그곳에서 나는 터키로 떠날 다른 네 명의 신임 선교사들을 만났다. 미국 형제 둘, 미국 자매 한 명, 뉴질랜드 자매 한 명, 그리고 나. 다섯 명의 젊은 선교사들은, 이제 복음의 씨를 들고 국경을 넘는 여정을 시작하려 하고 있었다.

수련회 마지막 날, 우리에게는 한 가지 중요한 임무가 주어졌다. 자동차 한 대, 그리고 터키어 성경과 전도 책자 수천 권. 그것을 싣고 독일, 오스트리아, 헝가리, 유고슬라비아, 불가리아를 지나 터키 국경을 통과해 터키로 운송하는 임무였다. 단 하나의 조건. 국경에서 적발된다면 입국은 물론, 향후 터키 선교의 문이 닫힐 수도 있다는 경고. 그것은 명백한 도전이자 시험이었다.

우리는 차량에 성경과 전도지를 가득 실은 채, 매일 낮에는 운전하고 밤이면 노천에서 침낭 하나에 몸을 눕혔다. 하늘을 향해 별이 쏟아질 듯 쏟아지는 밤, 군대에서도 경험하지 못한 거친 야영. 어떤 날은 새벽녘, 보슬비가 내리고 있었다. 모두가 깊은 잠에 빠져 있을 때, 나는 몸이 축축해진 느낌에 눈을 떴다. 차가운 이슬이 침낭을 적시고 있었다. 형제들을 깨워 허름한 곳간을 찾아 들었지만, 이미 젖어버린 침낭은 더 이상의 안식을 허락하지 않았다. 그럼에도 나는 감사했다. 주를 위해 이런 불편을 견딜 수 있다는 것이 오히려 축복처럼 느껴졌기 때문이다.

나라를 하나씩 지날 때마다, 그 땅의 영적 분위기가 고스란히 우리에게 전해졌다. 독일과 오스트리아를 지나면서는 자유의 숨결이 느껴졌지만, 동구권으로 들어서자 세상은 회색빛으로 뒤덮였다. 거대한 회색 아파트, 무표정한 얼굴들, 도로변 가로수에 칠해진 흰 페인트조차 가로등을 대신하는 듯했다. 공산주의의 흔적이 뿌리 깊게 내려앉은 그 땅들을 지나며 우리는 각 나라의 국경 앞에서 차를 세우고 그 민족을 위해 기도했다. 작은 불빛 하나 없는 새벽 3시, 우리는 마침내 터키 국경에 도착했다.

트렁크 속 성경과 전도책자들. 우리의 가슴은 요동쳤다. 그것들이 발각되면, 우리의 입국은 물론 선교의 통로는 완전히 닫히게 된다. 나는 조용히 눈을 감고 속삭였다.

"주님, 소경의 눈을 뜨게 하신 당신은, 눈뜬 자의 눈을 감기실 수도 있는 분이십니다. 주님의 말씀이 터키의 영혼들에게 도달할 수 있도록, 눈을 가려 주십시오. 주님, 역사하여 주시옵소서."

기도는 짧았지만 간절했다. 그리고 주님은 응답하셨다. 국경 수비원이 트렁크를 열었지만, 낡은 가방들과 낯선 선교사들의 남루한 짐만 본 그들은 무심히 문을 닫았다. 그가 물은 것은 단 한 가지. "어떻게 국적이 다른 사람들이 함께 여행하냐?"

우리는 무사히 국경을 넘었다. 아무 일도 없었다. 그리고 그 순간, 다섯 명의 선교사들은 서로 부둥켜안고 길 위에서 "할렐루야!"를 외쳤다. 이 전도여름집회에 사용될 복음의 씨앗, 성경과 전도 책자 수천 권이 아무 탈 없이 터키 땅으로 들어간 것이다.

그날 새벽, 가로등의 희미한 불빛 속에서 이스탄불의 실루엣이 안개 속에서 천천히 떠오르기 시작했다. 차창 밖으로 보이는 도시의 윤곽은 잠에서 막 깨어난 것처럼 흐릿했고, 회색빛 하늘 아래 짙게 내려앉은 안개는 마치 이 도시의 기억을 가두어 둔 채로 수십 년간 멈춰버린 시간처럼 보였다. 그 도시는 기쁨보다는 어쩐지 무거운 침묵과 깊은 우수가 켜켜이 쌓인 채 서 있었다. 복음이 사라진 시간들, 그 긴 허무의 그림자가 안개처럼 도시를 덮고 있었다. 나는 그 순간, 이 도시에 빛이 절실히 필요하다는 것을 느꼈다.

그 순간, 차 안에서 기도하던 우리 모두는 동일한 감동을 받았다.

"하나님, 이 땅 위에 당신의 빛이 비추게 하소서. 당신의 말씀으로 이 어둠을 찢으소서."

그 기도는 오늘도 내 안에 메아리친다. 30년이 지난 지금도, 그날 새벽 이스탄불의 어둠과 안개는 내 마음 깊은 곳에 여전히 그림자처럼 자리하고 있다.

그날, 나는 복음의 밀수꾼이었다. 그러나 그것은 단지 위험을 무릅쓴 한 번의 임무가 아니었다. 그것은, 복음을 품고 걸어가는 인생 전체의 방향이 바뀐 첫날이었다.

그리고 그 길 위에서, 나는 알게 되었다. 복음을 들고 국경을 넘는 일이 아니라, 내 안의 두려움과 의심의 국경을 넘는 일이 더 큰 싸움이었다는 것을.

"여기 소가 있습니다."
- 신임 선교사 언어배우기 작전 -

　나의 첫 터키 생활은 언어를 배우는 일에서부터 시작되었다. 수도 앙카라. 멕시코, 영국, 터키 형제와 함께한 공동생활. 언어는 선교사에게 가장 큰 과제였고, 나도 예외는 아니었다. 어느 날, 학교에 가기 위해 버스를 타야 했는데, 내릴 때는 "브라다 이네젝 바르"라고 외쳐야 한다는 말을 앞집 청년에게 들었다. 그는 친절하게도 그것을 종이에 또박또박 적어주었고, 나는 그날 밤 내내 발음을 연습했다.

　드디어 그 말을 써먹을 날이 왔다. 앙카라 시내를 도는 소형 미니버스, '돌무쉬' 안에서 내가 내릴 지점이 가까워지자 나는 침착하게 외쳤다.

"브라다 이넥바르!"

순간, 버스 안은 웃음바다가 되었다. 무언가 잘못되었다는 것을 직감했다. 얼굴은 순식간에 달아올랐고, 그날 수업 시간 내내 나는 이유 모를 수치심과 혼란에 시달려야 했다. 돌아오는 길, 다시 한번 같은 상황이 벌어졌고, 이번에도 버스는 웃음으로 가득 찼다.

집에 도착하자마자, 나는 그 문장을 소리 내어 되뇌었다. "브라다 이넥바르…" 그 순간, 내 룸메이트가 웃음을 터뜨렸다. "형, 그건 '여기 소가 있습니다'라는 뜻이에요."

그제야 알게 되었다. '이네젝(Innecek)'은 '내리다'는 뜻의 동사였고, 내가 자신 있게 외친 '이넥(Inek)'은 바로 '소'라는 명사였던 것이다. 나는 그렇게 두 번이나 "여기 소 있습니다! 저는 소입니다!"라고 외친 셈이었다.

그날 밤, 나는 오래도록 웃었다. 그리고 기도했다. "하나님, 저의 입술을 열어 주소서. 어린아이처럼 배우는 이 낯선 땅의 언어를 주님이 붙드소서."

그리고 마음속에 이렇게 고백했다.

"주님, 저는 당신의 소입니다. 멍에를 메고 묵묵히 걷는 짐승처럼, 당신의 명령 앞에 순종하는 자 되게 하소서."

언어는 단순한 도구가 아니다. 그것은 겸손의 학교이며, 믿음의 연습장이다. 내가 언어를 배운다는 것은 곧, 하나님을 더욱 의지하는 또 하나의 방식이다.

하나님의 복음으로만 아니라
우리의 생명까지도

앙카라의 디크멘은 터키에서의 가장 따뜻한 보금자리였다. 크즐라이에서 돌무쉬를 타고 언덕길을 오르면, 빨간 지붕의 소형 아파트들이 옹기종기 모여 마치 1970년대의 한국을 떠올리게 했다. 그곳엔 정겨운 이웃들이 많았다. 동네 아저씨들과는 언제나 인사를 나눴고, 아침마다 들르던 가게 아저씨는 빵과 우유를 내밀며 이방인인 나에게 한마디 농담으로 아침을 열어주곤 했다.

그러던 어느 날, 외출을 다녀온 나는 문득 낯선 기운을 느꼈다. 집 안은 묘하게 정돈되어 있었고, 곧 경찰의 압수수색이 있었다는 사실을 알게 되었다. 앞집의 교육 공무원 아흐멧 베이 댁까지 탐문 수사를 받았다고 했다. 놀라운 것은, 그럼에도 불구하고 이웃들의 태도는 변하지 않았다는 점이었다. 이전과 다름없이 웃으며 인사해 주는 그들의 따뜻한 마음은, 이방 땅에서 유일하게 내 마음을 붙잡아 주는 작은 불빛 같았다.

그 마을에는 한 대학생 청년이 있었다. 처음엔 이웃이었고, 이내 친구가 되었으며, 어느새 나는 그를 '복음을 전하고 싶은 한 사람'으로 마음에 품게 되었다. 그는 나를 "형님아"라고 부르며 자연스럽게 내 집에 드나들었고, 함께 밥을 먹고, 함께 공부하며, 터키어를 가르쳐 주었다. 나는 그에게 집 열쇠를 건넬 만큼 마음을 열었고, 밤마다 그의 이름을 불러가며 하나님께 기도드렸다. 그가 주님을 알게 되기를, 그 영혼이 복음으로 살아나기를 간절히 바랐다.

그러던 어느 날, 내가 외출한 사이에 그는 내 노트북을 만졌다. 실수였겠지만, 하드 전체가 포맷되었고, 며칠 밤을 새워 준비했던 세미나 발표 자료와 소논문이 모두 사라졌다. 당황과 분노, 그리고 실망이 한꺼번에 밀려왔다. 나는 격하게 그를 꾸짖었다. 다시는 집에 들어오지 말라고, 내 물건에 손대지 말라고, 냉정하게 말했다. 하지만 그 말을 내뱉고도 마음의 분 은 조금도 가라

앉지 않았다. 그리고 그 후, 그는 나에게서 멀어졌다. 4 주가 넘도록 나는 그의 얼굴을 볼 수 없었다.

무언가 잘못되었음을 느낀 나는 그를 찾아갔다. 몇 차례 그의 어머니에게 메시지를 남겼고, 결국 한 달이 지난 어느 날, 어렵게 전화가 연결되어 우리는 다시 만났다. 조심스럽게 건넨 내 사과는 진심이었다. "많이 화가 났었다. 하지만 너에게 그토록 심하게 말한 건, 내 부족함 때문이었다." 그는 조용히 고개를 끄덕였고, 나의 사과를 받아주었다.

그리고 그는 갑자기, 조용하고도 단호한 어조로 물었다.

"형님아, 형이 나를 사랑해서 내가 크리스천이 되기를 원하는 거야? 아니면 내가 크리스천이 되게 하려고 나를 사랑한 거야?"

그 순간, 나는 말문이 막혔다. 그의 질문은 논리적인 반문이 아니라, 내 존재와 동기를 꿰뚫는 영적 질문이었다. 집으로 돌아오는 내내 나는 그 말을 곱씹었고, 밤이 깊어지도록 무릎을 꿇고 기도했다. 주님은 내 마음 가장 깊은 곳을 비추어 주셨다. 나는 정말 그를 사랑했던 것일까, 아니면 '내 사역에 결실 하나쯤은 있어야 한다'는 내 안의 조급한 증명이 그를 향한 애정의 외투를 입고 있었던 것일까.

그날 밤, 나는 다시금 무장해제 되었다. 가슴 깊이에서 터져나

오는 회개의 기도를 드렸다. "주님, 제가 능력 있는 선교사가 되지 않아도 괜찮습니다. 제가 만나는 이 사람들을, 목적 없이 사랑할 수 있게 해주십시오. 크리스천이 되게 하려고 사랑하는 것이 아니라, 주께서 그들을 사랑하셨듯 그저 사랑하게 하소서."

이틀 후, 조용한 아침 경건의 시간. 데살로니가전서 2장 8절 말씀이 조용히 내 가슴을 두드렸다.

"우리가 이같이 너희를 사모하여 하나님의 복음뿐 아니라 우리의 생명까지도 너희에게 주기를 기뻐함은 너희가 우리의 사랑하는 자 됨이라."

나는 말씀 앞에서 멈춰섰다. 바울은 단지 복음을 말한 사람이 아니었다. 그는 생명을 건넨 사람이었다. 복음을 전달하는 것에 그치지 않고, 자신의 생명까지도 기꺼이 내어줄 수 있었던 사람. 그때 나는 알게 되었다. 진정한 복음 선포는 단지 설교나 교리의 전달이 아니라, 생명을 함께 나누는 깊은 사랑의 실천이라는 것을.

그 청년의 질문에 대한 주님의 답은 이 말씀 속에 있었다. 나는 그날 이후로도 이 말씀을 마음에 새기며, 복음은 전하는 것이 아니라 살아내는 것임을 배워갔다. 선교는 사역이 아니라 삶이었고, 관계가 있었고, 상처와 회복이 있었고, 그 모든 중심에 사랑이 있었다.

"하나님의 복음뿐 아니라 우리의 생명까지도…"

그 고백은 어느새 내 고백이 되었다. 나의 사역, 나의 여정, 그리고 나의 일상의 DNA 깊은 곳에 살아 숨 쉬는 복음이 되었다.

바울과 실라처럼

처음 터키에 들어가던 날, 내 기도 속에는 말하지 못한 열망이 하나 있었다. 단지 복음을 전하는 자가 되는 것뿐만 아니라, 이슬람 선교의 전문가가 되어보겠다는 포부였다. "하나님, 저로 하여금 복음을 전하게 하실 뿐 아니라, 이슬람 선교의 전문가가 되게 하소서." 나는 그렇게 기도했고, 그렇게 준비되고 있다고 믿었다. 어쩌면 바울과 실라처럼, 내가 가는 곳마다 하나님의 역사가 일어나기를 조용히 기대하고 있었는지도 모른다.

그러던 어느 날, 캐나다에서 온 동료 선교사로부터 연락이 왔다. 터키 동부의 어느 도시에서 성경통신강좌(Bible Correspondence

Course)를 마친 사람이 있다는 것이다. 복음을 전하고 육성 과정까지 이어가야 하니, 함께 가서 통역과 사역을 도와줄 수 있겠느냐는 요청이었다.

터키 동부로 향하는 10시간이 넘는 버스 여정은 결코 쉽지 않았다. 포장이 되지 않은 비포장 도로를 달릴 때면, 버스는 뿌연 먼지 속에 잠기곤 했다. 몸은 피곤했지만, 마음만은 뜨거웠다. 먼지를 뒤집어쓴 채 불편한 좌석에 몸을 실었지만, 이 복음의 여정은 여전히 기쁨으로 가득했다.

도착하니, 30대 초반의 젊은 터키인이 우리를 기다리고 있었다. 동료 선교사는 복음을 전했고, 나는 터키어로 통역을 맡았다. 그는 놀랍도록 순순히 복음을 받아들이고, 영접기도까지 함께했다. 그러나 내 안에는 설명하기 어려운 어딘가 불편한 감정이 일었다. 너무 빠르고 수월한 반응이 이상하게 느껴졌다. 나는 동료에게 여기서 멈추고 다음 약속을 잡자고 제안했고, 우리는 앙카라로 돌아가려 했다.

하지만 버스터미널에 도착했을 때, 우리가 복음을 전했던 그 남자와 함께 사복경찰 네 명이 우리를 기다리고 있었다. 중년의 경찰관이 다가와 공손하게 말했다. "호텔로 잠시 이동하시겠습니다." 우리는 그 말이 경찰서를 의미함을 곧 알 수 있었다.

그렇게 우리는 유치장에 구금되었다. 네 날 밤낮 동안 형사들은 교대로 우리를 심문했다. 어떤 이는 날카롭고 원칙적이었고, 또 어떤 이는 친절하고 설득력 있게 다가왔다. 그들은 일종의 심리전을 펼쳤고, 우리는 긴 나무 벤치에서 쪽잠을 자며 그 시간을 견뎌냈다.

어느 날, 한 형사가 종이 한 장을 내밀었다. 터키 전역의 선교 단체 목록과 대표자 이름이 빼곡히 적혀 있었다. 그는 물었다. "이 중 누구와 연관이 있습니까?"

나는 속으로 기도했고, 하나님은 내게 지혜를 주셨다. "저는 모두와 연관이 있습니다." 나는 담담히 대답했다. "앙카라에 있는 국제 교회에서 우리는 함께 예배하고 교제합니다. 그들은 제 형제들이고 친구들입니다."

형사는 다시 물었다. "그렇다면 당신은 선교사입니까?" 나는 되물었다. "당신이 말하는 선교사는 어떤 사람입니까?"

"기독교 교리를 전파하여 개종을 시도하는 사람입니다."

나는 조용히, 그러나 분명하게 대답했다. "그렇다면 저는 선교사가 맞습니다. 저는 모든 사람에게 예수 그리스도의 복음을 전하는 것을 내 삶의 목적이자 우선순위로 삼고 있습니다. 그런 의미에서, 모든 그리스도인은 선교사입니다."

나는 이어서 간증을 시작했다. 내가 어떻게 불교 가정에서 자랐고, 아버지의 죽음을 통해 삶의 공허함과 죽음의 실체를 두려움으로 마주하게 되었는지, 그리고 중학교 3학년 때 그리스도를 인격적으로 만났으며, 그 사랑과 구원의 은혜를 받아들였는지를 담담히 풀어냈다. 심문은 오히려 간증의 자리가 되었다.

공교롭게도 체포된 시기가 라마단과 겹쳤고, 우리는 자연스럽게 금식 상태에 들어갔다. 바울과 실라가 옥중에서 금식하고 찬송할 때 옥문이 열렸다는 사도행전의 이야기가 떠올랐다. 하지만 우리의 옥문은 좀처럼 열릴 기미가 보이지 않았다.

며칠 후, 경찰은 내 아파트에서 수백 권의 터키어 성경과 수천 권의 전도책자를 발견했다며 나를 선교사로 확신한다고 말했다. 그 말을 들은 순간, 마치 다리가 풀리는 듯한 느낌이었다. 두려움 때문이 아니었다. 내가 품어왔던 비전이 순식간에 무너져 내리는 것 같았기 때문이다. 만약 이대로 추방된다면, 나는 어디로 가야 하며, 무엇을 해야 하는가. 깊은 혼란 속에서 마음이 무너져 내렸다.

그날 밤, 나는 말 없는 눈물로 기도했다. 그때 주님께서 조용히 내 마음에 물으셨다. "네가 나를 사랑하느냐?"

"네, 주님. 제가 주님을 사랑합니다."

"아들아, 내가 원하는 것은 네가 하는 어떤 일이 아니라, 바로 너 자신이다. 네 인생을 나에게 줄 수 있겠느냐?"

그 물음 앞에서 나는 무너졌다. 나는 모든 것을 주님께 드렸다고 생각했지만, 정작 내 안에는 내가 계획하고 설계한 비전과 방식이 깊게 뿌리내려 있었다. 나는 하나님을 원망했고, 나를 이 길로 이끈 동료도 원망했다. 바울처럼 되고 싶다 했지만, 정작 나는 바울의 겸손과 순종을 따르지 못했다.

그날 밤, 나는 무릎을 꿇고 눈물로 고백했다. "주님, 제가 선교의 전문가가 되지 않아도 좋습니다. 다만 주님의 제자가 되게 하소서. 제가 먼저 복음을 살아내는 사람이 되게 하소서." 나는 또 다시 하나님께 항복을 선언했고 내 마음속에도 굳게 갖혔던 빗장을 열고 무장해제를 선언하였다.

며칠 뒤, 캐나다 대사관의 도움으로 나는 앙카라로 돌아왔지만, 거주비자인 이카멧을 박탈당했고, 빠른 시일안에 터키를 떠나야 한다는 명령을 받았다.

나는 바울도, 실라도 아니었다. 하지만 유치장의 차가운 밤과 끝없는 심문 속에서, 나는 비로소 주님의 음성을 들었다. 내가 진짜로 원하는 것이 무엇인지, 그리고 주님이 나에게 원하시는 것이 무엇인지 알게 되었다.

복음은 전략이 아니었다. 복음은 존재였다. 복음은 지식이 아니라 삶 그 자체였다. 그 유치장의 긴 침묵 속에서, 나는 복음이 나를 향한 하나님의 사랑임을, 그리고 그 사랑 안에서 나는 누구보다도 먼저 제자가 되어야 함을 배웠다. 복음은 어떤 기술로 설명하거나, 전략으로 전파할 수 있는 이론이 아니었다. 그것은 상처 입은 마음을 껴안고, 오해받는 자리에서 끝까지 사랑하고, 무너짐 속에서 다시 주님의 손을 붙잡는 '살아 있는 진리'였다. 나는 선교 현장에서 비로소 깨달았다. 복음은 정보가 아니라, 존재였다. 내가 복음이 되지 않으면, 나는 아무것도 전할 수 없는 사람이었다.

바울과 실라처럼 찬송할 수 없던 유치장의 그 밤은, 내 인생에서 가장 깊이 복음을 배운 시간이었고, 주님의 제자로 다시 태어난 은혜의 새벽이었다.

그들은 감옥에 갇힌 자들이 아니었다. 그들은 하나님의 마음 안에 거한 자들이었다.

그리고 그날 이후, 나의 선교는 다시 시작되었다.

세상을 품은 그리스도인이 되라

"너희는 세상의 빛이라 산 위에 있는 동네가 숨겨지지 못할 것이요."
- 마태복음 5:14

내가 선교의 길에 처음 발을 내디뎠을 때, 머릿속을 가득 채운 가장 큰 질문은 이것이었다. "하나님, 이 땅의 아픔을 보고도 외면하지 않게 하소서. 저는 무엇을 할 수 있을까요?" 선교는 거창한 결단에서 시작되지 않았다. 내 앞에 주어진 작고도 구체적인 현실 속에서 하나님의 마음을 듣고 응답하는 데서 시작되었다. 마치 모세가 떨기나무 앞에서 신을 벗고 하나님 앞에 엎드린 것처럼, 나도 선교는 먼저 무릎에서 시작된다는 것을 배워야 했다.

"Becoming a world Christian!" 이 말은 단순한 표어가 아니라, 내 삶을 움직이게 만든 하나님의 부르심에 대한 응답이었다. 하나님은 내가 한 나라의 시민이 아니라, 그분 나라의 대사로 살아가기를 원하셨다. 그런 부르심 앞에서 나는 생각의 지평을 확장해야 했다. 국가를 넘는 통계나 전략보다도, 하나님 나라의 시선으로 세상을 보고 행동해야 했다. 그분은 내가 머무는 그 땅에서만 아니라, 그 땅을 넘는 시선과 기도를 가진 사람이 되기를 원하셨다.

터키 앙카라에서의 첫 사역은 '작은 만남'에서 시작되었다. 현지의 한 대학생 청년과 나눈 커피 한 잔의 대화 속에서, 나는 하나님께서 이미 준비해 놓으신 마음의 밭을 발견할 수 있었다. 그 청년은 처음엔 내가 왜 낯선 언어를 배우며, 이 땅에 머물고 있는지를 의아해했다. 그러나 시간이 지나면서 그는 이렇게 고백했다. "당신이 믿는 하나님은 사람을 끝까지 떠나지 않는 분 같아요. 저도 그 하나님을 알고 싶어요."

그 순간, 나는 깨달았다. 내가 전하는 복음은 단지 말이 아니라, 존재로 증명되어야 하는 생명이라는 사실을. 나의 태도, 나의 시간, 나의 눈빛이 복음의 일부였다. 생각만 하는 그리스도인이 아니라, 행동하는 복음의 사람으로 부름 받은 나는, 더 이상 머뭇거릴 수 없었다. 복음은 선언이 아니라 실존의 삶이며, 믿음은 그 삶 속에서 하나님을 드러내는 선택이었다.

세계를 향한 시야는 종종 두려움으로 가득하다. 전쟁, 기후 위기, 빈곤, 이주, 박해… 어느 하나 쉬운 문제는 없다. 하지만 하나님은 나에게 머뭇거리지 말고, 마음으로 껴안고, 기록하며 기도하고, 작은 행동이라도 옮기기를 원하신다. 그 작은 행동은 하나님의 위대한 계획의 씨앗이 되었고, 선교는 언제나 그 '작은 시작'으로부터 피어나기 시작했다.

하나님께서 나를 부르신 것은 단기선교 몇 주간의 행사를 위해서가 아니다. 하나님의 시선으로 세상을 바라보고, 그 마음으로 삶 속에 일어서서 살아내라는 부르심이었다. 단기선교는 그 여정의 훈련이며, 교회가 하나님의 마음을 배우고 실천하는 '현장 신학교'이자 '영적 체험의 장'이다. 그 경험은 단지 추억이 아니라, 하나님 나라의 확장을 위한 실천적 계기가 된다.

선교는 이론이 아니라 사랑의 실천이며, 복음은 정보가 아니라 존재의 증언이다. 하나님은 우리가 아침마다 그분의 마음을 가까이 듣고, 작고 연약한 자를 향해 위로의 손길을 내밀기 원하신다. 나는 훌륭한 전략가나 전문가가 아닐지라도, 하나님의 사랑을 품고 사람을 바라보는 참된 제자가 되기를 기도한다.

복음은 말로만 전할 수 있는 것이 아니다. 복음은 내가 먼저 살아내야 할 삶이다. 생각에만 머무르지 말고, 행동으로 순종하며, 낮은 곳으로 내려가서 손을 내밀어야 한다. 그곳에서 우리는 다시 하나님의 음성을 듣게 될 것이다.

나는 이제야 선교가 전략이나 열심이 아닌, 하나님 앞에 엎드린 자의 고백으로부터 시작된다는 것을 배운다. 내 안에 차오른 열정이 아니라, 내 안에 흘러들어온 하나님의 눈물이 선교의 진짜 동력임을 알게 되었다. 나의 유능함이 아니라, 나의 무릎에서 흐르는 기도가 하나님 나라를 움직이는 씨앗이 되기를 원한다.

"볼지어다 내가 네 앞에 열린 문을 두었으되 능히 닫을 사람이 없으리라."
요한계시록 3:8

선교는 문이 열리기를 기다리는 것이 아니라, 하나님께서 이미 열어두신 문에 믿음으로 발을 내딛는 것이다. 중요한 것은 '두려움'이 아니라 '믿음'이며, 계산이 아니라 '순종'이다. Becoming a world Christian ! 그리고 믿음으로 움직이십시오. 하나님은 한 사람의 순종을 통해 일하십니다.

와서 우리를 도우라

"난리와 난리의 소문을 듣겠으나 너희는 삼가 두려워하지 말라 이런 일이 있어야 하되 아직 끝은 아니니라."
마태복음 24:6

2022년 2월 24일 새벽 5시. 러시아의 포병대와 미사일 부대가 전면적인 포격을 감행하며 우크라이나 전역을 덮쳤다. 전쟁이 시작된 그 순간부터 수많은 사람들이 삶의 터전을 잃고 거리로 내몰렸다. 650만 명 이상의 난민이 국경을 넘어 탈출했고, 우크라이나 안에서도 710만 명이 실향민이 되었다. 거리의 풍경은 눈물로 얼룩졌고, 미래는 안개처럼 흐려졌다. 그 중 90%는 여성과 어린아이였다. 외부의 도움 없이는 하루하루를 버티기조차 힘든 현실이었다.

우리 교단도 두 차례에 걸쳐 유럽에 흩어진 난민들과 우크라이나 현지 실향민들을 위해 구호금을 전달했다. 하지만 전쟁이 길어질수록 세상의 관심은 점점 식어갔고, 현실은 더욱 고통스러워졌다. 많은 사람들은 전쟁이 끝난 후의 회복이 오히려 더 절대적인 도움이 필요한 시기가 될 것이라고 말하기 시작했다.

우크라이나 전쟁을 보면서 너무나 생생하게 떠 올리는 장면이 있었다. 그것은 내가 터키에서 살던 1991년의 걸프전 이었다. 미국과 이라크의 전쟁이었지만 그러나 그 혼란의 틈바구니에서 가장 깊은 상처를 안고 있었던 이들은 따로 있었다. 이라크, 이란, 터키, 시리아 국경지대에 흩어져 살고 있던 쿠르드족. 이들은 전쟁의 당사자가 아님에도 불구하고, 그 누구보다 많은 희생을 치르고 있었다. 터키 정부는 동부 지역의 쿠르드 저항 세력을 무력으로 진압하고 있었고, 이라크 내 쿠르드인들 또한 정부군의 탄압으로 삶의 터전에서 쫓겨나고 있었다.

수많은 어린아이들과 여성들이 사담 후세인이 설치한 지뢰로 인해 희생되었고, 터키와 이라크 국경지대의 난민 캠프에는 삶의 희망을 잃은 이들이 내일을 향한 길을 잃고 방황하고 있었다. 우리 팀은 특히 전투가 집중되었던 이라크 북부 베호바 지역에 야전 의료시설이 절실히 필요하다는 판단을 내렸다. 의료진이 시급했고, 나는 20대 후반의 군 경험이 있는 싱글이라는 이유로 국제 의료진과 함께 야전 병원을 꾸릴 책임을 맡게 되었다. 미국 해병대와 영국 공군의 협조 아래, 베호바 전방 진지에 야전 병동이 세워졌다.

밤이면 어둠 속에서 총성이 울리고, 기관총의 불빛이 산 능선을 물들였다. 한국에서 급히 파견된 의료진은 하루에도 수차례 긴박한 수술을 진행했고, 나는 미군 헬기를 타고 필요한 의약품을 공수하며 생사의 현장을 오갔다. 전쟁터 한복판에서 다국적 군인들과 함께 일하며, 나는 이미 그들의 종군 군목처럼 복음과 위로의 말을 건네고 있었다.

쿠르드 저항군(PKK)과의 신뢰가 쌓여갔고, 그들은 나의 형제처럼 곁에 있었다. 마을의 우물 수원지마다 뿌려진 독극물로 인해 생긴 인명 피해는 말할 수 없을 정도였다. 그런 상황 속에서도 함께 웃고, 함께 나눈 물 한 모금이 위로였고, 기적이었다.

어느 날, 막사 너머로 펼쳐진 붉은 석양이 나의 발걸음을 멈추게 했다. 바위에 반사된 붉은 빛은 산 전체를 감싸 안으며 타오르듯 퍼졌고, 그 속에서 하나님의 음성이 들려왔다. "아니다, 아들아. 나는 이들을 사랑한다. 고아처럼 버려두지 않을 것이다. 나는 이들의 아버지요, 하나님이 될 것이다."

그때, PKK 지도자 중 한 친구가 다가와 어깨를 다정히 두드리며 말했다. "형제, 이 아름다운 노을이 너무 아름답지 않습니까?" 우리는 한참을 말없이 서 있었다. 그리고 그가 이어 말했다. "우리를 버린 것은 우리 형제들인데, 아무 상관도 없는 당신들이 우리를 도왔습니다. 당신들이 믿는 하나님을 알고 싶습니다. 제 민족을 위해 기도해 주세요."

그날 밤, 우리는 어둠이 내려앉은 베호바의 산자락에서 예수 그리스도의 복음을 나눴다. 그는 내게 복음 안에서 진정한 형제가 되었고, 이후 우리는 함께 난민들을 위한 구호 사역을 본격적으로 시작할 수 있었다.

이 사역을 통해 OM의 구호 단체 'Operation Mercy(긍휼의 기동대)'가 탄생하게 되었고, 나는 얼마 후 자코에 세워진 난민 캠프를 다시 방문할 수 있었다. 캠프는 여전히 열악했지만, 아이들은 삼삼오오 모여 "좋으신 하나님, 참 좋으신 나의 하나님"을 노래하고 있었다.

그 순간, 다시금 베호바 광야의 석양과 그날의 음성이 떠올랐다.

"나는 이들을 고아처럼 버려두지 않을 것이다."

4천만 명이 넘는 인구를 가진 쿠르드족은 고유한 언어와 문화를 지녔지만 수백 년간 나라 없는 민족으로, 세계로부터 잊혀진 존재로 살아왔다. 그러나 하나님은 걸프전이라는 고난의 여정 속에서도 이들을 찾아오셨다. CNN을 통해 전 세계에 그들의 참상을 알리셨고, 각국의 교회들을 일으켜 기도와 구호의 손길을 보내셨다.

지금은 독일과 유럽, 호주, 미국 등지에 흩어진 쿠르드 디아스포라 안에서 복음이 조금씩 뿌리내리고 있다. 놀랍게도, 복음화율이 1%를 넘기 시작한 것이다.

"이 천국 복음이 모든 민족에게 전파되어야 하리니 그제야 끝이 오리라."
마태복음 24:14

난민을 돕는 일은 하나님의 명령이다. 우리가 순종하지 않을 때, 하나님은 그들을 우리에게로 데려오신다. 매년 대한민국에도 수많은 난민이 찾아오고 있다. 우리의 동정은 순간적일 수 있지만, 하나님의 마음은 오래 지속된다.

우크라이나와 시리아, 쿠르드와 같은 전쟁 난민들을 향한 하나님의 눈물과 마음을 우리는 잊지 말아야 한다. 교회는 이들을 위한 지속적이며 전문적인 헌신을 준비해야 한다.

그리고 오늘도 그들의 외침이 들려온다.

"와서, 우리를 도우라."

데살로니가에서의 밤, 나그네의 복음

어느 봄날의 끝자락, 나는 터키에서의 비자 갱신을 위해 그리스로 향하는 여정을 준비하고 있었다. 오엠 선교사로 살아온 세월은 나에게 절제와 나눔, 그리고 복음 앞에서의 헌신을 삶의 기본값처럼 새겨주었기에, 나는 늘 같은 방식으로 길을 떠났다. 최대한 경비를 아끼고, 숙소는 때로 땅바닥이라도 괜찮았다. 그것이 우리가 선교의 일선에서 배워온 삶의 태도였고, 또한 복음을 향한 내면의 결의를 확인하는 또 다른 방식이기도 했다.

그날도 그랬다. 데살로니가행 버스에서 내려, 나는 도시의 숨결을 느끼며 기차역으로 향했다. 낯선 곳에서 숙소를 구하지 않고 역에서 하룻밤을 보내기로 한 것은 단지 비용을 아끼기 위한 선택만은 아니었다. 나는 그날, 데살로니가라는 이름이 내게 주는 성서적 울림 속에 조용히 몸을 담그고 싶었다. 바울이, 실라와 디모데와 함께 그곳에서 복음을 전했다는 사실 하나만으로도 이 땅은 더 이상 낯선 곳이 아니었다.

기차역 대합실의 벤치는 결코 편안한 자리는 아니었다. 사람들은 수시로 들락거리고, 밤의 기온은 점점 낮아졌다. 나는 가방을 베개 삼아 벤치 한 켠에 기대어 앉았다. 눈을 감으면 어둠 속에서 조용히 바울의 음성이 들려오는 듯했다. 회당에서, 장터에서, 집에서—그는 쉼 없이 복음을 전했을 것이다. 데살로니가의 골목을 걷는 그를 상상했다. 어깨를 바짝 움츠리고 이방인의 언어 속으로 걸어 들어가는 그 모습은, 어쩌면 오늘 밤의 나와 그리 다르지 않았다.

『데살로니가, 복음의 첫 그림자』

데살로니가는 단순한 지명이 아니다. 그것은 복음이 유럽 대륙으로 진입할 때의 관문이었고, 고대 로마 시대의 문화적·정치적 요충지였다. 마게도냐의 주도이자, 에그나티아 가도(Egnatia Road)의 핵심 통로였던 이 도시는 상업과 교통, 군사 전략의 중심지였다. 바울이 이 도시에 발을 디딘 것은 단순한 우연이 아니었다. 복음은 언제나 인파가 몰리는 곳을 향했고, 사도는 언제나 그 분주한 도시 한복판에서 복음을 흘려 보냈다.

바울은 데살로니가에서 회당을 중심으로 복음을 전했다.(행 17:1-9) 그러나 그는 오래 머물 수 없었다. 유대인들의 시기와 소요로 인해 급히 도망쳐야 했고, 그 짧은 체류는 아쉬움의 그림자로 남았을 것이다. 그러나 짧은 만남이 결코 얕은 관계를 의미하지는 않는다. 데살로니가전서를 펼치면, 바울은 한 줄 한 줄을 통해 눈물과 회한, 애틋함을 가득 담아낸다. 그가 그들을 떠날 때 품은 기도는 단지 신학적 명제가 아니라, 가슴으로 쓴 편지였다.

『짧은 머묾, 깊은 흔적』

바울은 데살로니가를 사랑했다. "밤낮 간절히 기도함은 너희 얼굴을 보고 너희 믿음의 부족함을 보충하려 함이라"(살전 3:10). 그가 남긴 흔적은 단지 말씀 몇 마디가 아니었다. 그는 천막을 만들며 자비량으로 일했고, 밤마다 복음을 나눴다. 땀과 눈물, 피로와 열정이 뒤섞인 그의 선교는, 철저히 몸으로 복음을 새기는 삶이었다.

바울의 데살로니가에서의 삶은 현대 선교사들의 삶과 다르지 않다. 값비싼 호텔보다는 공동 숙소, 고급 식사보다는 주먹밥 한 끼, 기차역 벤치에서의 하룻밤. 그러나 그것은 고난이 아닌 영광이었다. 복음을 위하여 낮아지는 삶은, 그 자체로 복음의 본질을 닮아간다. 그가 이곳을 떠난 뒤에도 데살로니가 교회는 자라났고, 마게도냐와 아가야의 모든 신자들에게 믿음의 본이 되었다.(살전1:7)

『기다림의 영성, 재림의 교회』

데살로니가서는 종말 신앙이 짙게 깔려 있는 편지다. '주께서 호령과 천사장의 소리와 하나님의 나팔로 친히 하늘로부터 강림하시리니'(살전4:16). 바울은 오실 주님을 기다리는 교회를 세웠고, 그 기다림 속에서 경건함과 형제 사랑을 강조했다. 기차역의 벤치에서 그 말씀을 읽으며, 나는 문득 '기다림'의 무게를 느꼈다. 바울은 떠나면서도 다시 만나리라 믿었다. 그 믿음은 단지 재회의 소망이 아니라, 오늘을 살아내는 신앙의 힘이었다.

『데살로니가, 나의 기도처』

그날 밤, 기차역 한켠의 벤치는 내게 기도의 자리였다. 바울의 고백이 내 입술로 이어졌고, 그의 눈물이 내 마음에 떨어졌다. 도시의 소음이 멀어지고, 어둠이 자리를 깔자, 나는 데살로니가의 성도들과 함께 예배드리는 듯한 환상을 보았다. 그곳은 더 이상 낯선 곳이 아니었다. 복음이 뿌려졌고, 복음을 품은 이들의 눈물과 사랑이 깃든 땅. 그리고 나도 그 복음의 맥을 따라 걷고 있었다.

『마지막 고백, 바울처럼 살고 싶다』

해가 떠오르기 직전, 나는 내 손에 쥔 성경을 가슴에 안고 기차 플랫폼으로 향했다. 떠남은 늘 아쉽지만, 복음의 사람은 머물지 않는다. 머문 만큼 사랑하고, 다시 떠난다. 복음을 위해 떠난다는 것은 고독의 길을 택하는 것이 아니라, 사랑을 품고 움직이는 것이다. 바울처럼.

내 마음의 한 구석에 데살로니가라는 이름이 새겨졌다. 복음의 첫걸음이 닿았던 땅, 그리 길지 않았지만 깊었던 만남, 그리고 기다림 속에서 피어난 사랑. 데살로니가의 밤은 여전히 내 안에서 속삭인다.

"그 밤에, 너도 복음의 나그네였다."

가파도키아의 우수 - 돌에 스며든 신앙의 숨결

 1992년 어느 늦가을, 나는 터키를 떠나기 전, 작은 배낭 하나 메고 아시아의 일곱 교회를 따라 걸었다. 에베소의 고요한 석양, 서머나의 폐허, 라오디게아의 메마른 언덕을 지나며 사도 요한의 음성이 귀에 울리는 듯했다. 그리고 마지막 여정, 나는 가파도키아로 향했다. 그곳은 그 어떤 곳보다 깊은 침묵과 신앙의 숨결이 배어 있는 땅이었다.

땅속에 숨겨진 교회

 가파도키아의 들판 위에 서면, 먼 풍경은 평범하다. 하지만 땅속은 다르다. 그곳에는 수 세기 전 박해받던 초대교회 성도들의 삶이 고스란히 남아 있다. 동굴 벽엔 십자가의 흔적이 있고, 조그마한 공간은 신학교와 기도실, 침례탕과 무덤이 나란히 존재한다. 박해 속에서도 그들은 공동체를 이루고, 말씀을 배우고, 침묵 중에도 찬양을 올렸다.

나는 그 동굴 안에 앉아 한참을 눈 감고 있었다. 눈앞의 어둠은 곧 그들의 믿음을 상징하는 듯했다. 빛 한 줄기 없는 곳에서도 그들은 하나님을 붙들었다. 도망쳐온 이들이 만든 교회는 비루한 흙과 돌로 지어졌지만, 그 안의 기도는 그 어떤 웅장한 성전보다도 뜨거웠다.

"주여, 우리는 지금 땅속에 숨어 있지만, 당신의 빛은 우리 위에 머뭅니다."

침묵과 기억의 돌들

세월이 흘렀다. 기독교는 그 땅에서 사라졌고, 이슬람의 나라가 되었다. 그러나 그 돌들은 기억을 지닌 채 살아 있었다. 가파도키아의 동굴 안에서 터키인들이 삶을 이어가고 있다. 누군가는 그 안에 포도를 저장하고, 누군가는 사과를 묻는다. 예배당이 저장소가 되었지만, 그 돌벽에 남은 기도와 눈물은 지워지지 않았다.

나는 터키어를 쓰는 사람들과 인사를 나누며 생각했다. "동굴의 용도는 바뀌었지만, 그 영적 여운은 사라지지 않았구나." 그 땅에는 여전히 생명이 흐르고 있었고, 하나님의 이야기는 유물로 끝나지 않았다. 돌마다 우수(憂愁)가 묻어 있었다. 박해받던 교인들의 우수, 신앙을 잃어버린 민족의 우수, 그리고 나 자신의 우수까지.

믿음의 잔향, 침묵 속에 남다

나는 가파도키아를 떠나던 날, 오래도록 동굴 입구에 서 있었다. 그곳에서 들리는 것은 새소리도, 사람의 발걸음도 아닌, 돌에 스민 믿음의 잔향이었다. 그곳의 침묵은 죽은 것이 아니었다. 그것은 마치 겨울 논밭처럼, 잠들어 있지만 생명을 준비하는 침묵이었다.

지금도 그 땅은 말을 하고 있다. 우리에게 묻는다. "너는 지금 어디에 숨어 있는가? 믿음을 위해 너는 무엇을 포기했는가?" 가파도키아의 돌들은 복음의 침묵 선포자였다. 말하지 않고도 외치고, 움직이지 않고도 흐르고 있었다. 잃어버린 땅, 그러나 사라지지 않은 신앙 터키에서 떠나기 전, 나는 추방이라는 아픔을 겪었다.

그러나 나는 그 땅에서 영원한 순례자가 되었다. 가파도키아에서 나는, 잃어버린 교회의 흔적을 통해 다시 신앙을 붙들게 되었다. 복음은 건물에 갇히지 않고, 국경에 멈추지 않으며, 시간에 사라지지 않는다. 그것은 숨겨진 돌에도 살아 있고, 포도 저장소가 된 동굴 안에도 살아 있다.

"주여, 그 돌에 스민 믿음처럼, 제 안에도 그런 신앙의 흔적이 남게 하소서."

가파도키아는 침묵의 성지였다.

그러나 그 침묵은 말보다 깊은 울림을 주었다. 나는 그 땅을 떠났지만, 그곳에서 배운 믿음의 침묵은 내 삶 속에 살아 있다. 그리고 나는 오늘도 기도한다.

"주님, 다시 그 땅에 복음의 노래가 울리게 하소서."

파묵칼레 – 복음, 그 흔적 : 회복을 위한 도성

내가 어릴 적 살던 샘골 집 앞에는 목화밭이 있었다. 산등성이 아래로 펼쳐진 넓은 들판은 해마다 가을이면 온통 눈이 내린 듯 하얗게 물들었다. 바람에 일렁이던 하얀 목화는 나에게 자연의 기적이자 계절의 축복이었다. 목화의 몽오리가 열리고 하얀 솜이 올라오기 전, 달짝지근한 단물이 입안에 감돌던 그 시절, 동네 아이들과 함께 목화밭 사이를 누비며 새순을 따고 그 단물을 빨아먹던 기억은 지금도 선명하다. 물론 어머니에게 단체로 야단을 맞으며 벌을 섰던 일까지도 이제는 따뜻한 추억의 한편으로 남아 있음이 신기하다.

세월이 흐르고, 나는 또 다른 '목화의 성'을 걷고 있었다. 배낭을 메고 혼자 걷는 나만의 순례길 이었다. 터키에서 사역하는 동안 소아시아의 7교회의 흔적을 쫓는 이 순례의 여정은 이곳에 나를 이끌었다. 튀르키예 서부의 파묵칼레(Pamukkale), 터키어로 '목화 성'이라는 뜻을 가진 이곳은 거대한 석회 절벽 위에 펼쳐진 자연의 신비였다. 마치 목화밭을 뒤덮은 하얀 눈처럼, 온천수가 흘러내리며 만들어낸 석회 테라스는 과거의 추억을 소환하는 동시에, 깊은 영적 질문을 내게 던져 주었다. 이곳은 단지 자연 경관의 절경일 뿐 아니라, 복음의 또 다른 흔적을 품고 있는 역사적 장소였다.

파묵칼레에 인접한 도시 히에라폴리스(Hierapolis)는 기원후 2세기경 페르시아의 왕가에 의해 세워진 도시였다. 그곳은 온천과 의료, 휴양과 무역의 중심지로 번성했으며, 로마 제국 시기에는 클레오파트라도 사랑했던 도시라 전해진다. 그러나 이곳은 단순한 유적지가 아니다. 사도 바울과 깊은 교류가 있었던 에바브라(Epaphras)의 사역지였고, 초대교회의 순교자 빌립이 생애를 마친 땅이다. 교회사에 따르면, 사도 빌립은 이곳에서 복음을 전하던 중 체포되어 기둥에 거꾸로 매달린 채 십자가에 못 박혀 순교했다고 전해진다. 그가 순교한 자리는 후일 5세기경 팔각

형의 성 빌립보 기념 성당(Martyrium of Philip)으로 세워졌으며, 지금도 그 흔적은 순례자들의 발걸음을 붙잡는다. 그는 단지 제자 중 하나가 아니라, 복음을 위해 온 생애를 던진 초대교회의 증인이었다.

히에라폴리스는 단지 따뜻한 물이 흐르는 땅이 아니라, 순교의 피와 복음의 눈물이 스며든 땅이다. 빌립의 순교는 단지 한 인물의 죽음이 아니라, 이 도시 위에 새겨진 복음의 흔적이며, 그 뜨거운 증언이 온천수처럼 끊임없이 흐르고 있는 것이다. 또한 이곳은 교부 파피아스(Papias)의 사역지이기도 하다. 그는 사도 요한의 제자였으며, 당시 구전으로 전해지던 예수님의 말씀을 모아 기록하려는 시도를 하였던 인물로, 초대 교회의 교리 형성과 전통 보존에 크게 기여하였다. 이런 의미에서 히에라폴리스는 단지 온천과 휴양의 도시가 아니라, 초대 교회 신학과 순교, 그리고 복음 전파가 교차했던 '성지(聖地)'인 셈이다.

파묵칼레에서 불과 수 킬로미터 떨어진 곳에는 라오디게아 교회의 유적이 남아 있다. 요한계시록 3장에서 "네가 차지도 않고 뜨겁지도 아니하니 내 입에서 너를 토하여 버리리라"는 책망을 들었던 그 교회다. 흥미로운 것은 이 말씀이 단순한 영적 비유가 아니라, 이 지역의 지리적·환경적 맥락에서 비롯되었다는 것이다. 라오디게아는 주변의 온천수와 냉수의 중간 지점에 있어 물이 식고, 다시 미지근하게 되어버리는 지역이었다. 미네랄이 풍부하지만 식수로는 부적합한 그 미지근한 물처럼, 신앙의 열정도, 차가운 절제도 잃은 상태 그것이 라오디게아 교회의 상태였다.

파묵칼레의 하얀 석회 절벽 위로 천천히 흘러내리는 온천수는, 겉보기에는 아름답고 고요하지만, 안으로는 미지근함과 침전된 광물질을 품고 있다. 그것은 마치 나 자신의 모습이었다. 신앙을 갖고 있으나 생기가 없고, 진리의 날카로움을 잃은 채 관성으로 흐르는 내 모습. 그 하얀 풍경은 나를 고요하게 비추는 영혼의 거울이 되었다. 복음의 본질이 무엇인지, 나는 지금 어떤 상태인지, 하나님이 나를 통해 회복시키길 원하시는 것은 무엇인지 그 질문이 내 안에 울렸다.

그날, 나는 파묵칼레 언덕을 천천히 올랐다. 석회수로 인해 미끄러진 발바닥은 물을 머금은 흙처럼 축축했지만, 마음은 한층 가벼워졌다. 히에라폴리스의 원형극장에서 기도하듯 서 있었던 순례자들의 모습이 인상 깊었다. 과거에는 오락과 쾌락의 장소였던 그 무대에서, 이제는 찬양과 눈물의 기도가 흘러나오고 있었다. 도시가 바뀌고, 기능이 바뀌어도, 복음을 향한 간절한 영혼의 열망은 사라지지 않았다.

나는 회복을 꿈꾼다. 단지 이 땅의 회복이 아니라, 나 자신 안의 회복, 교회 안의 회복.

목화가 흰 솜으로 피어나듯, 미지근한 신앙을 넘어서 순전한 열정과 사랑이 다시 피어나는 회복.

그 회복은 때로 찬란한 석회빛 아래 숨어 있고, 과거의 흔적 속에 여전히 살아 숨 쉬고 있다.

파묵칼레는 나에게 그런 회복의 상징이 되었다. 복음은 흘러내리는 물처럼, 조용히, 그러나 끊임없이 굳은 마음을 적시고, 침전된 신앙을 씻어내고 있었다.

지금도 내 눈앞에는 파묵칼레의 석회 절벽과 그 위로 흐르던 물줄기가 아른거린다. 그리고 주님이 속삭이시는 듯하다.

"차든지, 뜨겁든지 하라."

복음의 열정이 내 영혼을 다시 불태우는 날, 나는 이 하얀 도시의 이름을 다시 부를 것이다

'회복의 도성', 파묵칼레.

형제애의 이름 아래, 빌라델비아를 걷다

터키 서부의 고속도로를 따라 달리는 버스 안, 창가에 앉은 나는 낮은 구릉 사이로 펼쳐지는 포도밭과 해바라기 밭을 바라본다. 바람에 흔들리는 은빛 감람나무 잎이 햇살을 받아 반짝이고, 지평선 너머로는 유난히 푸른 하늘이 이어진다. 버스 안은 조용하다. 앞줄에 앉은 노부부는 말없이 손을 잡고 있고, 뒷자리에서는 아기가 낮은 숨결로 잠들어 있다. 터키어 방송이 라디오에서 흘러나오고, 운전사는 창문을 반쯤 열어놓아 흙냄새와 바람 소리가 함께 따라든다. 나는 마음속으로 기도한다. 이 순례의 여정이 단순한 관광이 아니라, 복음의 흔적을 다시 걷는 길이 되기를.

그렇게 나는 알라셰히르(Alasehir)라는 이름의 조용한 도시에 도착했다. 이곳은 고대에는 빌라델비아(Philadelphia)로 불렸고, 요한계시록에 등장하는 일곱 교회 중 하나로 기억되는 곳이다. 고대의 화려함은 지진의 잔해 속에 묻혔지만, 그 잊힌 이름의 울림은 여전히 내 마음을 붙잡는다.

알라셰히르는 현재도 터키 내에서 활기찬 도시 중 하나다. 거리에는 상점과 카페가 줄지어 있고, 시장에는 올리브와 석류가 넘쳐난다. 그 일상적인 풍경 속에, 고대의 흔적이 남겨져 있다. 비잔틴 시대의 교회 터로 알려진 자리에 서면, 지진으로 무너져 내린 채 남겨진 세 개의 돌기둥이 황량하게 솟아 있다. 어쩌면 너무도 초라해 보일 수 있는 그 돌기둥들이, 오히려 이 도시가 겪은 시간의 무게를 고요하게 증언하고 있었다.

빌라델비아, 그 이름은 "형제애의 도시"라는 뜻을 지니고 있다. 기원전 2세기경, 아탈로스 2세는 형제 에우메네스에 대한 깊은 사랑과 존경을 기리며 이 도시를 세웠다고 한다. 이름 자체가 형제를 향한 우정과 연대를 말하고 있었기에, 어쩌면 요한계시록 속 이 교회가 유일하게 책망을 받지 않은 이유가 그 이름에 담겨 있었던 것인지도 모르겠다.

> "내가 네 앞에 열린 문을 두었으니 능히 닫을 사람이 없으리라."
>
> **요한계시록 3:8**

작은 능력밖에 없었지만, 그들은 주님의 이름을 배반하지 않았다. 화려한 성전을 짓지 않았지만, 그들의 믿음은 주님의 마음을 움직였다. 그리고 지금, 그들의 흔적은 세 기둥밖에 남지 않았지만, 그 칭찬은 성경 속에 영원히 새겨져 있다.

나는 그 무너진 교회 터 위에 조심스레 앉아 보았다. 내 앞에는 말없이 시간을 지키고 있는 기둥이 서 있었고, 그 너머로는 알라셰히르의 삶이 이어지고 있었다. 포도밭에서 일하는 사람들, 장터를 오가는 여인들, 골목에서 공을 차는 아이들. 교회는 사라졌지만, 사람들의 삶은 계속되고 있었다. 그러나 나는 묻고 싶었다. 이곳 사람들은 이 기둥들이 무엇이었는지 알고 있을까? 그리고 이 땅에 한때 형제애로 칭찬받았던 교회가 존재했음을 기억하고 있을까?

빌라델비아 교회는 언제 사라졌을까. 기록에 따르면, 이슬람의 확산과 함께 기독교의 영향력은 점차 줄어들었고, 결국 이 교회도 역사 속으로 스러져갔다. 교회는 영원하지 않다는 생각이 들었다. 아무리 칭찬을 받은 교회라 해도, 시대의 흐름 속에서 사라질 수 있다는 사실. 그렇다면, 진정으로 영원한 것은 무엇일까? 그것은 건물이 아니라, 믿음 그 자체일 것이다.

나는 마지막으로 그 세 기둥 앞에 서서 기도했다. "주님, 우리가 세우는 교회가 건물의 크기가 아니라, 형제애의 진심으로 칭찬받는 교회가 되게 하소서. 빌라델비아처럼, 적은 힘이라도 주님의 이름을 배반하지 않는 순결한 교회가 되게 하소서."

그날 저녁, 알라셰히르의 석양은 붉게 물들고 있었다. 나는 천천히 걸음을 옮기며 속삭였다. "형제애의 도시여, 너의 잔해 속에서 내가 다시 교회를 꿈꾼다."

오늘 우리가 세우는 교회는 무엇으로 칭찬받을 수 있을까? 열린 문 앞에 선 우리, 그 문을 지나 믿음의 순례를 다시 시작해야 할 때다.

코르반 바이람의 양 - 어린양을 보라

터키의 시골 전원 지역에 사는 많은 터키인들은 수세기 동안 모슬렘으로 살아왔다. 중앙아시아의 유목민으로 살던 터키인들이 지금의 아나톨리아 지역에 정착하고, 이슬람을 십자군으로부터 지켜낸 수호자, 술탄의 나라가 된 이후, 이슬람 문화는 그들의 일상 깊숙이 스며들어 있다.

내가 방문했던 이즈미르 근교의 작은 농촌 마을. 그곳은 내게 생경함보다는 묘한 정서를 불러일으켰다. 아우처럼 여겼던 터키 청년과 함께 그의 조부모, 그리고 가족이 살아가는 그 마을은, 한국의 시골 마을과는 집 구조나 생김새는 달랐지만, 바람결과 풍경은 어린 시절 내가 살던 그곳의 정취와 닮아 있었다.

방문 당시, 마을은 이슬람 최대의 명절 중 하나인 '코르반 바이람(Kurban Bayramı, 희생제)' 기간이었다. 이 명절은 꾸란 속 아브라함(이브라힘)이 아들 이스마엘을 하나님께 바치려 했던 신앙의 사건을 기념하는 축제다. 오늘날 터키를 포함한 이슬람권에서는 이 사건을 기려, 양이나 소, 염소 등을 잡아 하나님께 헌신을 표현하며, 그 고기를 가족과 이웃, 가난한 자들에게 나눈다.

코르반 바이람은 단지 한 민족의 명절이 아니다. 그것은 이슬람적 신앙의 심장부에 닿아 있는 순종과 헌신의 상징이다. 터키에서는 이 시기가 되면 각 가정마다 제물용 짐승이 준비되고, 그 피를 자녀의 이마에 찍어 바르는 관습이 여전히 이어진다. 피는 보호와 축복, 헌신의 상징이다. 나는 그 풍경을 조심스레 지켜보았다. 가족을 위해 한 마리의 큰 양이 준비되어 있었고, 의식을 행하던 노인은 무거운 표정으로 그 양의 목을 조심스럽게 눕혔다.

아무런 소리 없이 순순히 눕혀진 양. 순종과도 같은 그 침묵은 나의 심장을 치는 무언의 외침 같았다. 이어서 그 양의 피를 손에 묻히고 가족들의 이마에 꾹꾹 눌러 바르는 노인의 손길은 마치 제사장의 손 같았다. 순간 내 마음은 구약 성경 속 유월절

밤으로 이동했다. 애굽의 죽음의 사자가 문설주의 피를 보고 지나갔던 그 밤 그리고 '죽음이 넘다'라는 뜻의 파사흐(Pesach), 유월절이 떠올랐다.

그 장면은 내게 단순한 민속의례로 다가오지 않았다. 오히려 신약의 복음이 그 안에 고스란히 스며 있는 듯했다. 유월절 어린양이신 예수님, 그리고 세례 요한이 그분을 가리키며 외쳤던 말씀 "보라, 세상 죄를 지고 가는 하나님의 어린양이로다".(요1:29) 나는 그 노인의 손에 들려 있던 양에서, 얌전히 죽음을 받아들이는 양의 눈빛에서, 바로 나를 위하여 죽임당하신 예수 그리스도의 형상을 보았다.

코르반 바이람의 유래는 기원전 수천 년 전 아브라함의 신앙고백에서 시작되었다. 그리고 이슬람은 그것을 단지 신화가 아닌 현재형의 의례로 보존해냈다. 하지만 그 깊이 속에는, 이삭 대신 준비된 수양, 그리고 신약에서 실현된 진정한 대속, 곧 예수 그리스도의 희생이 예표되어 있다. 기독교의 눈으로 볼 때, 이 명절은 우리가 설명 없이도 복음을 묵상하게 하는 열린 창문과도 같다.

그날 나는 복음을 다시 배웠다. 그리스도는 우리의 유월절 어린양이 되셨고, 지금도 여전히 사람들은 그분을 모른 채 종교의 식만을 반복하고 있었다. 그 노인의 진지한 표정은 나를 숙연하게 만들었고, 그 손끝에서 나는 하나님 아버지의 마음을 보았다. 내 아들을 너희를 위해 바친다는 그 마음. 내가 죄로 인해 흘려야 했을 피를 대신 흘리신 예수의 희생.

이즈미르의 농촌 들녘, 목초의 냄새와 염소 떼의 울음소리가 어우러진 그 공간에서 나는 복음의 원형을 다시 만났다. 피 없이 성숙은 없고, 희생 없이 사랑은 없다. 터키 이슬람 마을의 한복판에서, 예수의 피가 나의 이마에 찍히는 듯한 체험. 그것은 단지 한 문화의 이해를 넘어서, 내 영혼을 다시 어린양의 보혈로 덮는 깊은 은총이었다.

나는 그날 밤 조용히 기도했다. "주님, 이들 안에 복음이 심겨지게 하소서. 무지로 인한 희생이 아니라, 진리로 인한 자유를 누리게 하소서. 그리고 나도 다시, 당신의 피로 이마에 도장을 찍은 자로 살게 하소서."

터키의 시골은 여전히 고요했고, 별빛 아래 그 양의 피는 땅 위에 조용히 스며들고 있었다. 그 피가 말하고 있었다. "보라, 세상 죄를 지고 가는 하나님의 어린양을 보라."

에베소 거리를 걸으며

배낭을 메고 아시아의 일곱 교회를 따라가는 순례자의 여정이었다. 파묵칼레에서 라오디게아를 지나며, 나는 사도 바울의 발자취를 더듬고 있었다. 그 여정의 끝자락에서 나는 에베소에 도착했다. 고대 에베소, 오늘날의 이즈미르 근교. 한때 로마 제국의 아시아 속주 수도였던 이곳은, 다산과 풍요의 여신 아르테미스를 섬기던 도시였다. 인간의 욕망이 이글거리던 이곳은, 부요와 지식을 자랑하던 거대한 켈수스 도서관과 수많은 무역상인들이 북적이던 환락의 도시였다.

그들은 에베소 항을 통해 지중해를 건너 대서양으로, 인도로 나아갔고, 이 도시는 일종의 문명의 중계지, 꿈의 정거장이기도 했다.

사도 바울은 왜 이곳을 택했을까? 다른 지역들과 비교해도, 에베소는 로마 제국의 교통과 상업의 중심지로서 전략적 가치를 지닌 도시였다. 소아시아 전역으로 복음이 흘러들어갈 수 있는 결정적인 거점이었다. 그러나 바울이 이곳에 3년이나 머무른 이유는 단지 전략 때문만은 아니었으리라. 수많은 우상숭배가 관영하던 이 도시는 철학과 사상의 중심지였고, 바울에게는 가장 치열한 영적 전쟁터였다. 당시 아르테미스 신전은 세계 7대 불가사의 중 하나로 손꼽히며, 신전 안에서는 수많은 제의와 우상숭배가 성행했다. 거대한 원형극장에서는 인간의 영광과 환락이 펼쳐졌고, 각종 점성술, 철학, 신비주의가 뒤섞인 다신교의 영적 혼란이 도시를 뒤덮고 있었다.

그렇기에 바울은 이 도시 한복판에서 하나님의 말씀으로 대항하기 위해 두란노 서원을 세우고, 제자들을 가르치며 복음의 기초를 이곳에 놓았던 것이다. 그는 전략가이면서도 무엇보다도 영적 전사였으며, 그 선택은 단호하고도 깊은 통찰이었다.

전설에 따르면, 주님의 제자 요한이 예수의 어머니 마리아를 모시고 이곳에서 말년을 보냈다고 한다. 마리아의 무덤이 이 지역 어귀에 있다는 사실이 낯설지 않게 느껴지는 이유는, 이곳이 한때 그리스도의 복음이 살아 움직이던 장소였기 때문이다.

도시의 언덕을 오르면 오스만 제국 시대에 지어진 성곽이 모습을 드러낸다. 그 성은 로마의 흔적 위에 세워졌고, 다시 무너져 내려 지금은 돌무더기로 남았다. 에베소의 교회도, 오스만의 권세도 모두 무너졌다. 돌무더기 위에 서서 나는 되뇌었다. "주님, 인간의 영광은 모두 사라졌지만, 주의 말씀만은 영원하군요."

지금 이 땅은 또다시 이방인의 손에 놓여 있지만, 놀랍게도 복음의 불씨는 여전히 꺼지지 않았다. 내 친구인 선교사는 이곳에서 문화센터를 운영하며, 터키어 성경을 가르치고 있다. 주일 저녁마다 몇몇 현지인들이 모여 조용히 찬양하고 말씀을 듣는다. 겉으로 보기엔 작고 미미한 모임일지 모르지만, 나는 그 자리가 에베소 교회가 다시 피어날 뿌리가 되리라 믿는다.

무너진 아르테미스 신전, 침묵하는 원형극장, 그리고 흙먼지 속에 가려진 오스만의 성 위에, 지금 복음은 새순처럼 돋아나고 있다.

하나님은 여전히 이 땅을 사랑하신다. 돌무더기 위에서도 복음은 다시 자라며, 순례자들의 발걸음을 따라 사도행전의 기적은 오늘도 계속되고 있다.

앙카라에서 코냐까지 - 길 위의 묵상 : 바울의 발자취를 따라

앙카라. 내가 살던 도시. 터키의 중심부, 정치의 심장, 고대 갈라디아의 영혼이 아직도 그 땅속에 숨 쉬고 있는 곳. 회색빛 건물들과 먼지 낀 공기, 그리고 언덕 위로 길게 누운 하늘. 나는 그곳에서 여러 해를 살았다. 그곳은 단순히 사역의 땅이 아니라, 나 자신이 다시 빚어지고 깨어진 곳이었다.

배낭을 둘러메고 코냐(Konya)행 버스를 탔던 어느 날, 갈라디아의 옛길을 따라가는 여정은 단순한 여행이 아니었다. 그건 뼛속까지 내려오는 순례였다. 바울이 걸었던 길, 그가 맞았던 돌, 그가 흘린 눈물, 그가 품었던 이름 모를 영혼들이 내 마음 깊숙이 살아 움직이기 시작했다. 햇빛은 사막의 모래처럼 거칠게 내려앉고, 바람은 아나톨리아 고원 끝에서 몰아친다.터키의 중심부, 이슬람의 심장부라 불리는 코냐.

이곳이, 성경 속 '이고니온'이다.

바울의 발이 이 땅을 처음 밟았을 때에도, 아마 이곳의 하늘은 지금처럼 메마르고 푸르렀으리라.

그리고 지금처럼, 그의 숨은 가팔랐고, 그와 함께 걷던 전도팀의 눈에는 피곤과 기도가 섞여 있었을 것이다.

버스는 고원지대를 달려 이고니온 — 오늘날의 코냐 — 을 향해 나아갔다. 창밖으로 펼쳐지는 풍경은 메마르고 단조롭지만, 그 황량함 속에 나는 묘한 떨림을 느꼈다. 코냐는 겉보기엔 평범한 도시였지만, 바울에게는 그렇지 않았다. 사도행전 14장을 따라가 보면, 바울은 이고니온에서 복음을 전하다가 유대인들의 선동으로 인해 돌에 맞아 죽을 뻔했다. 그는 자신이 섬기던 유대 동족에게 버림받았고, 그가 사랑하던 도시에 의해 쫓겨났다. 왜일까?

"그러나 유대인들은 이방인들의 마음을 선동하여 바울과 바나바를 박해하게 하였다."

사도행전 14:2

이고니온은 헬레니즘 문화와 유대교가 복잡하게 얽힌 도시였다. 바울이 전한 '십자가에 못 박힌 그리스도'는 율법 중심의 종교적 자부심에 찬물을 끼얹는 말씀이었다. 그는 '열심'으로 무장한 자들에게, 율법을 지킴으로 구원받는 것이 아니라 '은혜'로 구원받는다고 외쳤다. 바울이 전한 복음은 그들에게 모욕이었다. 그리고 그 모욕은 돌로 돌아왔다. 지금의 코냐는 여전히 회당은 아니지만, 사원의 첨탑이 하늘을 찌르고, 검은 셔로알과 흰 터번을 두른 노인들이 거리를 천천히 가로지른다. 그들의 눈빛은 낯선 이를 향한 경계와 의분으로 가득 차 있다. 나는 그들의 눈빛에서, 바울을 향한 조롱과 돌을 떠올렸다.

코냐의 시장 골목 끝자락에서, 나는 마치 바울과 바나바가 도망쳐 나왔던 어느 골목의 잔재를 밟고 있는 듯한 묘한 감정에 휩싸인다. 이곳의 시간은 이천 년을 지났지만, 영의 기류는 조금도 변하지 않았다. 종교적 열심과 민족적 자존심, 그리고 복음에 대한 깊은 오해. 그 시대도, 이 시대도, 그 열심은 오히려 진리를 몰아내는 칼날이 되었다.

바울은 이고니온에서 복음을 전하다 돌에 맞을 뻔했고, 끝내 루스드라로 피난했다. 그의 복음은 이방인들의 기쁨이었지만, 종교로 무장한 이들에게는 분노의 불씨였다. "이 사람은 신성모독

자다", "우리의 율법을 파괴하는 자다", "이방신을 들고 온 자다"

그날 저녁, 바울이 말없이 누운 돌베개 위에서 밤하늘의 별을 올려다보며 흘렸을 눈물을 나는 상상해본다. 그는 무서웠을까? 아니면, 오히려 기뻤을까? 자신이 전한 복음이 이토록 살아 움직이고 있다는 증거를 그 박해 속에서 읽어냈을까?

나는 버스 안에서 조용히 눈을 감았다. 그 바울의 고통이 내게 다가왔다. 그가 외쳤던 복음, 그가 포기하지 않았던 사랑, 그가 맞았던 돌멩이 하나하나가 내 가슴에 박히는 것 같았다.

오늘날의 코냐는 수피즘의 중심지이자 메블라나의 도시다. 매년 수많은 이슬람 신비주의자들이 모여 그의 묘지를 찾아와 춤추듯 기도한다. 그들의 손끝은 하늘을 가리키고, 또 다른 손끝은 땅을 향해 내리뻗는다. 하늘과 땅이 연결되기를 바라는 염원이 춤이 된다. 그러나 하늘과 땅을 진정으로 연결하신 분은, 십자가에 달리신 예수 그리스도 한 분뿐이다. 바울의 시대에 복음이 필요했던 것처럼, 지금 이 시대에도 이 도시는 여전히 복음을 기다리고 있다.

나는 다시 조용히 기도한다.

"주님, 제가 저 이고니온의 돌 하나가 되게 하소서. 바울이 맞았던 그 돌, 그 돌 위에 복음이 뿌리내리게 하소서."

앙카라에서 코냐까지, 바울이 걸었던 그 길은 단순한 이동이 아니었다. 시간의 벽을 넘어 고통과 소명의 공명을 따라 걷는 은혜의 순례였다.

지금도 나는 그 흙먼지 위를 걷는다. 복음의 씨앗은 여전히 뿌려지고 있으며, 언젠가 이 도시 위에도 평화의 종소리가 울릴 날을 믿는다.

살았으나 죽은 자의 도시, 사데를 걷다

터키의 심장부를 떠나 서쪽으로 달린다. 이즈미르에서 동쪽으로 85킬로미터, 복잡한 고속도로를 벗어나 한참을 달려야 비로소 사데에 도착할 수 있다. 이곳은 한때 리디아 왕국의 찬란한 수도였고, 황금으로 물들었던 영광의 도시였다. 그러나 지금은 고요한 돌무더기와 무너진 기둥들만이, 그 옛날 화려했던 사데의 이야기를 속삭이고 있다.

사데는 비옥한 계곡과 구릉지에 둘러싸인 도시다. 사르디스라는 이름으로 더 잘 알려진 이곳은 세계 최초로 금화를 주조한 도시였고, 크로이소스 왕의 전설 같은 부는 그 자체로 신화였다.

발굴된 제련 도가니의 바닥에 아직도 남아있다는 순금 찌꺼기들은, 이 도시가 한때 얼마나 황금의 중심이었는지를 말해 준다. 그러나 오늘의 사데는 조용하다. 옛 영광은 모두 바람결에 묻힌 채, 시간의 먼지를 덮어쓰고 있었다.

지금 이 사데에는 작은 마을이 남아 있고, 마을 사람들은 이 고대 도시의 곁에서 살아간다. 관광객이 드문 계절, 현지 주민들은 무너진 유적 곁을 따라 말없이 밭을 갈고, 아침 시장에는 빵과 올리브, 그리고 자그마한 포도 한 상자들이 놓여 있다. 아이들은 무너진 기둥 아래서 공을 차고, 노인들은 오후의 햇살 속에서 차를 마시며 담소를 나눈다. 그들의 표정은 담담하다. 이들은 더 이상 과거의 영광에 묶여 있지 않다. 그러나 그들의 삶 속에는, 뿌리 깊은 역사와 흘러내린 세월의 그림자가 조용히 드리워져 있다.

무너진 아르테미스 신전 기둥 사이를 지나며 나는 오래전 이 땅을 가득 채우던 제사의 향과 신음 같은 노래들을 상상해 본다. 여신 키벨레를 향한 부도덕한 제사들, 이교의 광란 속에서 흘렸던 무수한 눈물과 피. 그리고 그 한가운데 세워졌던 사데 교회.

요한계시록 3장, 사도 요한은 사데 교회에 대해 이렇게 말한다.

> "네가 살았다는 이름은 가졌으나 실상은 죽은 자라."
> **요한계시록 3:1**

나는 이 구절을 읽을 때마다 가슴이 무겁다. 풍요 속에 신앙을 잃어버린 교회. 살아있는 것처럼 보이나 실상은 껍데기뿐인 신앙의 공동체. 어쩌면 오늘 우리의 교회가, 나의 삶이 이 사데의 그림자 아래 있지는 않은가?

그 날, 나는 혼자 사데 언덕 위를 천천히 걸었다. 발밑에는 하얀 돌부리들이 사각사각 울렸고, 저 멀리 붉은 산등성이 위로 붉게 물드는 석양이 보였다. 돌에 손을 얹고 앉아, 조용히 눈을 감았다. 그 순간 내 마음 한편에서 조용한 속삭임이 들려왔다.

"나는 너를 안다. 네가 살았다는 이름을 가졌으나, 너의 중심은 점점 식어가고 있구나."

그 말 앞에서 나는 고개를 떨구었다. 바쁜 사역과 끝없는 일정 속에서, 내 신앙도 사데처럼 무뎌져 가고 있었는지도 모른다. 예배는 여전히 드리고 있었고, 말씀도 전하고 있었지만, 내 안에서 뜨겁게 타오르던 주님의 임재에 대한 갈망은 점점 희미해지고 있었다.

사데에서의 하루는 짧았지만, 그 하루는 내게 오래도록 남았다. 그날 이후 내 기도의 언어는 달라졌다.

"주님, 내 이름이 생명책에서 지워지지 않기를 원합니다. 흰 옷 입고 주님 앞에 서기를 원합니다. 겉은 살아있는 것처럼 보이지만, 속이 죽어 있는 자가 되지 않게 하소서."

돌아오는 길, 나는 사데를 뒤돌아보며 속삭였다.

"사데야, 너의 무너진 돌무더기 속에서 내가 나를 다시 만났다."

언제가 다시 이 길을 나는 다시 걸어볼 수 있을까? 그때는 이곳은 어떻게 변해 있을까? 이 글을 걸으며 나는 지금의 내 삶 속에서 사데의 경고를 들을 수 있을까? 아니 경고 하고 있는 데 나는 그 음성을 듣고 있는 것일까? 걸음을 멈추어 돌 기둥위에 앉아 눈을 감고 생각해 본다. 내가 서 있는 지금의 삶 속에서 사데의 경고를 들을 수 있기를. 살았다는 이름을 가진 그리스도인으로 살되, 실상은 주님 앞에 깨어 있는 자로 남기를.

그리고 오늘의 터키 사람들처럼, 조용히 묵묵히 삶을 일구되, 그 속에서도 여전히 남아 있는 하나님의 손길을 발견하는 자가 되기를. 우리 모두는 그렇게 다시 사명을 기억하며 걷는 순례자다.

이고니온의 먼지 위에 서서 : 코냐에서의 영적 묵상

햇빛은 사막의 모래처럼 거칠게 내려앉고, 바람은 아나톨리아 고원 끝에서 몰아친다. 터키의 중심부, 이슬람의 심장부라 불리는 코냐. 이곳이, 성경 속 '이고니온'이다. 바울의 발이 이 땅을 처음 밟았을 때에도, 아마 이곳의 하늘은 지금처럼 메마르고 푸르렀으리라. 그리고 지금처럼, 그의 숨은 가팔랐고, 그와 함께 걷던 전도팀의 눈에는 피곤과 기도가 섞여 있었을 것이다.

사도행전 14장을 따라가 보면, 바울은 이고니온에서 복음을 전하다가 유대인들의 선동으로 인해 돌에 맞아 죽을 뻔했다. 그는 자신이 섬기던 유대 동족에게 버림받았고, 그가 사랑하던 도시에 의해 쫓겨났다. 왜일까? 이고니온은 헬레니즘 문화와 유대교가 복잡하게 얽힌 도시였다. 바울이 전한 '십자가에 못 박힌 그리스도'는 율법 중심의 종교적 자부심에 찬물을 끼얹는 말씀이었다. 그는 '열심'으로 무장한 자들에게, 율법을 지킴으로 구원받는 것이 아니라 '은혜'로 구원받는다고 외쳤다. 바울이 전한 복음은 그들에게 모욕이었다. 그리고 그 모욕은 돌로 돌아왔다.

오늘날의 코냐는 수피즘의 중심지이자 메블라나의 도시다. 매년 수많은 이슬람 신비주의자들이 모여 그의 묘지를 찾아와 춤추듯 기도한다. 그들의 손끝은 하늘을 가리키고, 또 다른 손끝은 땅을 향해 내리뻗는다. 하늘과 땅이 연결되기를 바라는 염원이 춤이 된다. 그러나 하늘과 땅을 진정으로 연결하신 분은, 십자가에 달리신 예수 그리스도 한 분뿐이다. 바울의 시대에 복음이 필요했던 것처럼, 지금 이 시대에도 이 도시는 여전히 복음을 기다리고 있다.

나는 다시 조용히 기도한다.

"주님, 제가 저 이고니온의 돌 하나가 되게 하소서. 바울이 맞았던 그 돌, 그 돌 위에 복음이 뿌리내리게 하소서."

앙카라에서 코냐까지, 바울이 걸었던 그 길은 단순한 이동이 아니었다. 시간의 벽을 넘어 고통과 소명의 공명을 따라 걷는 은혜의 순례였다. 지금도 나는 그 흙먼지 위를 걷는다. 복음의 씨앗은 여전히 뿌려지고 있으며, 언젠가 이 도시 위에도 평화의 종소리가 울릴 날을 믿는다.

Think Globally,
make things happen

1992년 9월, 나는 네덜란드 항공(KLM)에 몸을 싣고 터키에서 추방후 독일을 거쳐 한국으로 향하고 있었다. 눈을 감고 있으니 수많은 회상과 감정들이 나를 사로잡고 있었다.

1989년 여름, 미국 유학을 꿈꾸던 나를 OMS선교사 였던 프랜 피터슨(Fran Peterson)할머니의 권유로 오엠 국제선교회의 첫 번째 단기선교 프로그램 "Love Europe"에 참여하였다.

나는 눈치(?)작전을 하여 이왕이면 한국 사람이 없는 나라로 가겠다는 생각에 벨기에 겐트에서 6주간의 전도사역을 하게 되었고, 겐트(Gent)에서 매일 나는 터키 청년들을 만나게 되었다.

그 여름 오엠의 무슬림 전도팀을 이끌었던 미리암은 터키에서 8년동안 선교사로 사역 하였던 네덜란드 금발의 청년이었다. 나는 미리암을 통해 터키의 이야기를 듣게 되었는데 인구 5천8백만의 인구인 터키가 오직 150명의 그리스도인만이 살고 있다는 것이었다. 역사 속에서 서구교회의 중심이었고 비잔틴 제국의 중심인 그 나라가 오직 150명의 그리스도인만이 살고 있는 이슬람국가로 전환되었다는 사실에 너무나 큰 충격을 받았다.

아직도 나는 그 날의 충격을 잊을 수가 없어, 생생한 감정으로 그 시간을 기억해내곤 한다. 35억이 넘는 이슬람권을 위해 오직 선교사의 2%만이 무슬림을 위해 선교한다는 사실도 내게는 더 큰 충격이었다. 무엇인가 잘못된 것이다.

그날 이후 나는 하나님께 대한 죄송함 때문에 예수그리스도의 복음을 위해 살겠다고 다짐하였다.

그리고 그리스도의 복음을 들어야 할 수많은 사람들을 외면한 채 나와는 아무 상관 없는 것처럼 살아온 나 자신에 대한 부끄러움으로 수많은 밤들을 눈물로 지새우며 기도하게 되었다.

졸업을 앞두며 나의 행선지는 미국 유학에서 터키로 바뀌었고, 터키의 수도인 앙카라에서 나의 청년기를 보내게 되었다. 내가 살고 있는 아파트 주변으로 새벽마다 기도를 부르는 "아잔"(기도를 부르는 이맘의 챤팅소리)소리를 들으며, 이불에 얼굴을 파묻고 눈물의 기도를 드리게 되었다.

그 후 1990년 걸프전쟁이 일어났고 이락 북부 베호바라는 지역에서 의료를 지원하는 사역을 미·영군 해병대 막사 사이에 야전병원을 세워 사역하였다. 이때 수많은 쿠르드 무슬림들이 주님께 돌아오고 있었다.

그러나 그렇게 사역이 일어나고 있을 때, 1992년 여름 나는 터키의 동부에서 복음을 전하다 사복경찰에 의해 체포가 되었고 열흘 정도의 수감 신세를 지고 난 뒤 종국에는 추방을 당하게 되었다.

평생 터키땅에서 모슬렘 선교를 하겠다고 헌신했던 나는 1992년 9월 추방을 당해 한국을 향하고 있었던 것이다.

인격적으로 주님을 만난 이후 단 한번도 하나님을 향한 서운함을 가져보지 않았던 나는 "하나님을 향한 서러움과 밑 바닥에 깔려 있는 원망스러움"을 가슴에 숨긴채, 한국으로 들어오는 내내 눈물을 삼키고 있었다.

"왜죠 하나님?"

"터키 모슬렘을 전도하라고 부르셨잖아요? 왜 저이어야하는 거죠?"

주체할 수 없는 서러움과 절망스럼이 가슴 깊숙히 차오르고 있었다.

그러나 돌이켜 보면 하나님은 그 짧은 터키에서의 시간을 통해 모슬렘들에 대한 하나님의 마음을 깨닫게 하셨고 복음전도의 어려움과 구소련의 붕괴 후 새롭게 독립했던 중앙아시아의 국가들을 1991년도에 리서치를 하게 하셨다. 복음을 듣지 못한 수많은 민족과 특별히 미전도 종족들이 복음으로부터 그리고 교회로부터 잊혀진 존재가 되었다는 사실을 보게 하신 것이다.

그때 비행기 안에서 우연히 타임(Time)잡지를 뒤적이다 한 광고 페이지에 내 시선이 머무르게 되었다. 필립스(Philips)회사의 광고 페이지였다.

"Think Globally, make things better"

필립스! 컴퓨터, 선풍기, TV, 냉장고를 파는 전자회사의 비전 스테이트먼트(Vision Statement)였다.

그때 나는 알수 없는 전율을 느끼고 있었다. 소름돋는 짜릿함이 내 온몸을 스치고 지나가고 있었다. 나는 무언가 알수 없는 힘에 눌려, 재 빨리 내 노트에 급히 옮겨 적었다.

"Think Globally, make things happen"

지구적으로 생각하십시요, 그리고 어떤 일이 일어 날 수 있도록 행하십시요"

필립스의 광고가 아니라, 하나님 아버지가 나를 향하여 호소하시는 음성처럼 들렸다.

그리고 내게 떠 올랐던 말씀을 함께 적었다.

"… 잇사갈 자손 중에서 시세를 알고 이스라엘이 마땅히 행할 것을 아는 우두머리가 이백명이니 그들은 그 모든 형제를 통솔하는 자이며…스불론중에서 모든 무기를 가지고 전열을 갖추고 두 맘을 품지 아니하고 능히 진영에 나아가서 싸움을 잘하는 자가 오만명이요….
대상12:30-37

복음을 들어야 할 수억의 사람들에 대한 하나님의 전략은 바로 사람들이었던 것이다.

아직도 복음을 듣지 못한 저 수많은 모슬렘들을 향한 하나님의 마음과 전략은 바로 전심으로 주님께 헌신한 하나님의 군사들을 일으켜 세우는 일임을 내게 깨우치고 계셨던 것이다.

"하나님 세상을 이처럼 사랑하사 독생자를 주셨으니 이는 그를 믿는 자마다 멸망하지 않고 영생을 얻게 하려 하심이라"
요3:16

아버지의 마음속에 있는 가장 큰 우선순위는 바로 온 세상이셨고, 모든 족속이셨고, 모든 민족(마28:18)이셨음을 가슴 벅차게 느껴졌던 것이다.

"이 천국 복음이 모든 민족에게 증언되기 위하여 온세상에 전파되리니 그제야 끝이 오리라"
마24:14

그 후 나는 국제오엠에서 선교사 훈련 담당자로, 교회개척 책임자로, 선교 훈련 학교 책임자로, 또 선교 동원가로 살아가게 하셨다.

복음증거의 일뿐 아니라, 다윗을 이스라엘의 왕으로 세우는 일이 그 시대의 하나님의 명령이었던 것처럼 말이다.

그리스도가 온 땅의 왕 되심과 주가 되시고 이 세대 가운데 하나님의 백성들을 세우는 일이 지상최대의 가치이자 사명으로 살아가게 하신 것이다.

그리고 터키와 영국 런던, 뉴질랜드, 이제는 한국에서 그 일이 지속되기를 원하고 계시는 것이다.

우리의 생에서 가장 중요한 절대절명의 우선순위는 무엇일까?

"예배가 없는 곳에 그리스도를 예배하는 예배가 있게 하는 것", 주님은 그 일을 위해 오늘도 당신의 백성들을 부르심을 믿는다.

우리의 비전과 사명이 필립스 회사의 사명과 비교될 수는 없는 것이 아닐까?

"Think Globally, and make things happen"

그날 비행기 안에서 들었던 그 음성이 오늘도 다시금 내 가슴을 설레이기 한다.

그것이 우리가 선교하는 가장 중요한 이유인 것이다.

부록 1

Appendices 1

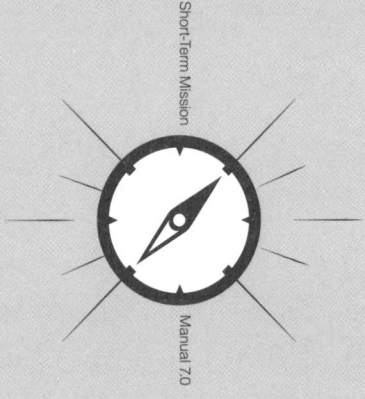

1
보냄받기 전, 먼저 자신을 점검하라
Before you get sent, check yourself first

"선교의 시작은 복음을 품은 자가 복음을 살아내는 준비를 마쳤을 때다."

단기선교는 '능력 있는 자'를 찾는 것이 아니라, '준비된 마음'을 가진 자를 부르신다.

다음 문항들을 통해 스스로의 준비 상태를 점검해 보십시오.

뒤 페이지에 점검표가 있습니다.

점수는 1(전혀 아니다) ~ 5(매우 그렇다)까지 표시해 주세요.

항목	점수				
나는 매일 말씀을 묵상하고 기도로 하루를 시작한다.	1	2	3	4	5
타문화에 대한 열린 마음과 학습 태도를 가지고 있다.	1	2	3	4	5
나의 말과 행동이 팀에 유익을 줄 수 있다.	1	2	3	4	5
공동체 생활에서 갈등을 인내하며 소통할 수 있다.	1	2	3	4	5
하나님의 부르심에 순종할 준비가 되어 있다.	1	2	3	4	5
복음을 나눌 때 두려움보다 기쁨이 크다.	1	2	3	4	5
선교지에서의 고난이나 불편함을 감당할 수 있다.	1	2	3	4	5

"부르심은 준비된 자에게 더 선명하게 들린다."

2
단기선교 기도문 모음
A collection of short-term missionary prayers

"선교는 기도로 시작되어, 기도로 이루어진다"

① 파송 전 기도

주님, 이제 내가 떠납니다. 그러나 실상은, 주님이 나를 먼저 이끄셨고 준비하셨음을 고백합니다. 두려움보다 순종이, 열심보다 겸손이 앞서게 하소서. 이 발걸음이 주님의 영광을 드러내는 통로가 되게 하소서. 예수님의 이름으로 기도드립니다. 아멘.

② 선교지에서 드리는 기도

사랑의 하나님, 낯선 이 땅에서 주님을 찬양합니다. 나의 말이 아닌 주님의 복음이 전해지게 하시고, 나의 손이 아닌 주님의 손길이 흘러가게 하소서. 이 문화와 이 사람들을 존귀히 여기게 하시고, 나의 마음이 먼저 변하게 하소서.

③ 귀국 후 감사 기도

주님, 짧은 여정 가운데 크신 일을 이루신 하나님께 감사합니다. 내가 한 것보다, 주님이 하신 일이 더 큽니다. 이제 다시 일상으로 돌아가지만, 나는 더 이상 예전의 내가 아닙니다. 열방을 향한 주님의 마음이 내 삶의 방향이 되게 하소서.

"기도는 선교의 엔진이 아니라, 선교 그 자체다."
— Samuel Zwemer[1]

3
문화조사 가이드
Culture Survey Guide

"그 땅을 사랑하려면, 그 땅을 알아야 한다"

선교는 땅을 밟는 것이 아니라 마음을 이해하는 것에서 시작됩니다. 단기선교 팀은 출국 전에 아래 항목을 중심으로 선교지를 공부하고, 사역을 위한 준비를 해야 합니다.

1. 기본 문화 정보
- 국가명 / 지역명
- 언어 및 주요 인사말

- 주요 종교 및 신념 체계
- 식문화, 예절, 복장, 시간 개념 등

2. 사회적 구조

- 가족 중심 구조(부계/모계/공동체주의 등)
- 리더십 개념(나이, 권위, 종교 지도자 중심 여부)
- 교육 수준, 위생/보건 상황, 경제 기반

3. 교회 현황

- 현지 교회 수 및 활동 범위
- 장기선교사의 유무
- 주요 선교사역(전도, 의료, 교육 등)
- 현지 기도 제목

4. 문화 민감성 점검

- "이 문화에서 하면 안 되는 것"
- "이 문화에서 높이 평가되는 것"
- 복음 전할 때 주의할 표현/상징/태도

"문화는 복음의 문이기도 하고, 장애물이기도 하다. 그러나 가장 중요한 것은 '열려 있는 마음'이다."

4
현지 사역자와의 협력 약속문 예시
Example of a collaboration agreement with a local minister

"우리는 조력자가 아니라, 동역자입니다"

이 문서는 단기선교팀과 현지 사역자 간의 상호 협력과 신뢰를 기반으로 작성된 약속문입니다.

뒤 페이지에 약속문이 있습니다.

현지 사역자와의 협력 약속문

우리는 하나님의 나라를 위해 부르심 받은 공동체로서, 다음과 같은 원칙을 함께 따를 것을 약속합니다.

1. 주님의 영광을 가장 우선에 둡니다.
2. 현지 교회와 사역자들의 리더십을 존중하고 따릅니다.
3. 모든 활동은 사전 협의 하에 진행합니다.
4. 문화적 차이에 대해 겸손히 배우고 존중합니다.
5. 선교 이후에도 관계와 중보를 지속하며 함께 성장합니다.

서명 : _____

- 단기선교팀 리더 : _____
- 현지 사역 대표 : _____
- 날짜 : _____

"선교는 홀로 빛나는 일이 아니라, 함께 걸어가는 일이다."

5
단기선교 보고서 템플릿
Short Mission Report Template

"기록은 기억을 선교로 바꾸는 도구이다"

귀국 후 사역 보고서는 하나님의 역사를 정리하고, 교회와 공동체의 선교적 동참을 이끄는 중요한 도구입니다.

뒤 페이지에 보고서 양식이 있습니다.

단기선교 보고서 양식

1. 팀 정보
- 사역 기간 / 장소 / 참가자 수
- 파송 교회 / 협력 선교사

2. 사역 요약
- 사역 형태 (전도, 교육, 봉사 등)
- 주요 일정 및 프로그램

3. 현장 감동 사례
- 개인 간증 1~2개
- 영혼의 변화가 나타난 구체적인 사건

4. 배운 점 / 느낀 점
- 문화적 배움
- 복음과 사명의 재인식
- 팀워크와 영성 측면에서의 성장

5. 향후 적용
- 후속 기도제목
- 장기 / 지속적 사역 연계 방안
- 선교 헌신 / 후원 / 교육 계획

"선교의 열매는 나눌 때 더 깊어진다."

부록 2

Appendices 2

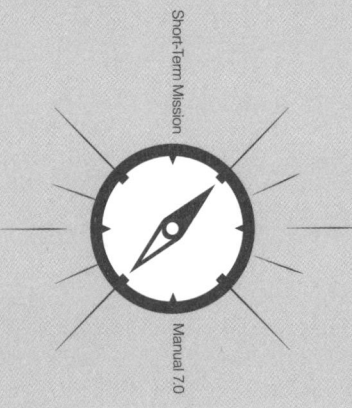

1
단기선교 자기점검 진단지 (단기선교사용)
Short-Term Mission self-Assessment Checklist

단기선교는 단순한 행사나 여행이 아니라, 하나님 앞에서의 부르심과 파송에 응답하는 거룩한 여정이다.

이 진단지는 선교 현장을 향해 떠나기 전에 자신의 내면과 소명, 태도와 자세를 기도로 성찰하기 위한 질문들로 구성되어 있다.

진실한 마음으로 스스로에게 묻고, 주님 앞에 응답하라.

1. 나는 왜 이 선교에 지원하게 되었는가? (동기)
2. 나의 강점과 약점은 무엇이며, 선교 현장에서 어떻게 드러

날 수 있는가? (자기 인식)

3. 나는 낯선 문화와 언어에 대해 어떤 태도를 가지고 있는가? (문화 민감성)
4. 공동체 내에서 갈등이 발생했을 때 나는 어떻게 반응하는가? (공동체성)
5. 나는 이 선교를 통해 하나님께 무엇을 배우고자 하는가? (영적 목표)
6. 나는 돌아온 후, 어떤 삶의 변화로 이 여정을 기억하길 원하는가? (사명 지속성)

기도로 마무리하십시오

주님, 나를 이끌어주소서. 내가 가는 길보다, 내가 되어야 할 사람이 누구인지를 먼저 보게 하소서. 주의 성령님께서 그렇게 인도해 주실것을 믿습니다. 주님이 친히 가시고자 하는 곳에 제자를 보내셨던 것처럼 저 자신도 주님이 보내실 곳으로 보내어 주시옵소서.

예수님의 이름으로 기도 합니다. 아멘!

2
단기선교 파송식 기도문
Pray for Short-Term Mission sending ceremony

주님, 오늘 우리는 이 사랑하는 자매와 형제를 당신의 이름으로 보내드립니다. 이들의 걸음이 머무는 땅마다, 주님의 은혜가 먼저 임하게 하소서.

낯선 환경 앞에서도 두려워하지 않게 하시고, 자신의 열정보다 당신의 지혜를 의지하게 하소서. 겸손히 듣고, 조심스레 다가가며, 진심으로 함께 울고, 기꺼이 손을 내밀게 하소서.

이들이 전하려는 복음보다 먼저, 복음이 이들의 존재를 새롭게 빚어가게 하시고, 그 땅의 사람들 속에서 주님의 얼굴을 발견하게 하소서.

우리 교회는 이들을 보내며 함께 기도합니다. 돌아오는 그날, 이들의 눈물과 고백 가운데 당신의 이름이 더욱 선명히 새겨지길 간절히 바랍니다.

예수 그리스도의 이름으로 기도합니다. 아멘.

3
문화 감수성 훈련 체크리스트
Cultural Sensitivity Training Checklist

타문화 선교는 이해보다 먼저 경청을 요구하고, 정답보다 관계를 요청한다. 다음의 항목은 문화적 감수성과 선교적 겸손을 훈련하기 위한 점검표이다. 팀 훈련 중, 또는 개인 묵상 시간에 활용하라.

언어와 의사소통
- 현지의 인사말과 존칭 표현을 배우려는 노력을 하고 있는가?
- 자신의 의견보다 현지인의 표현 방식을 존중하고 있는가?

예배와 신앙 표현
- 나의 예배 방식이 유일하다고 생각하지 않는가?
- 현지인의 예배 방식 안에서 하나님을 새롭게 만날 준비가 되어 있는가?

시간과 약속의 개념
- 시간 개념의 차이를 불편함이 아닌 배움의 기회로 받아들이고 있는가?
- 효율보다 관계의 깊음을 우선하고 있는가?

음식과 위생 문화
- 낯선 음식 앞에서 감사의 태도를 유지할 수 있는가?
- 위생 기준이 다름을 판단이 아닌 이해로 접근하고 있는가?

갈등과 감정 표현
- 갈등 상황에서 논쟁보다 경청의 태도를 지키는가?
- 문화적 충돌을 나의 정답으로 해결하려 하지 않는가?

4
현장 위기관리 매뉴얼 요약
Field Crisis Management Manual

예상치 못한 사건은 종종 선교의 중심에서 일어난다. 따라서 위기관리란 두려움을 예방하는 기술이 아니라, 신뢰의 질서를 준비하는 과정이다. 아래는 단기선교 현장에서 꼭 숙지해야 할 핵심 원칙이다.

1. 기본 준비사항
- 모든 팀원의 여권 사본, 보험 서류, 비상 연락망 확보
- 현지 대사관, 병원, 약국 등의 리스트 사전 확보 및 공유
- 응급약품과 기본 위생 키트 준비

2. 위기 발생 시 단계별 대응 STEP

STEP 1.

상황 파악 및 초기 보고 (팀장 → 파송교회, 현지 협력자)

STEP 2.

팀원 안전 확보 및 대피소 확인

STEP 3.

사건의 해석 및 대응 방안 논의

(팀 리더 → 현지 파트너 → 교회)

STEP 4. 사후 모임 – 기도, 회고, 보고서 작성

3. 정서적 위기와 공동체 돌봄

- 무기력, 분노, 감정적 이탈은 '문제 행동'이 아닌 '내면의 메시지'로 해석할 것
- 리더는 설명하거나 판단하기보다 '머무는 태도'로 응답할 것
- 팀 안에 감정 나눔 공간을 마련하고, 매일 팀 케어 미팅을 진행할 것

주

제1장 단기선교의 정의와 역사 : "짧지만 결코 가볍지 않은 부르심"

1 Robert J. Priest, Terry Dischinger, et al., "Researching the Short-Term Mission Movement," Missiology 34, no. 4 (2006): 431-450.

2 David J. Bosch, Transforming Mission: Paradigm Shifts in Theology of Mission (Maryknoll: Orbis Books, 1991), 55-58.

3 Brian M. Howell, Short-Term Mission: An Ethnography of Christian Travel Narrative and Experience (IVP Academic, 2012).

4 전재욱, 「한국교회 단기선교의 현황과 과제」, 『선교신학저널』 제22권 (서울: 한국선교학회, 2015), 45-67.

제2장 단기선교의 성경적 근거 : 파송하시는 하나님, 참여하는 백성

1 David J. Bosch, Transforming Mission: Paradigm Shifts in Theology of Mission, (Maryknoll: Orbis Books, 1991), pp. 389-393. Bosch, David J.,

	『Transforming Mission: Paradigm Shifts in Theology of Mission』, Orbis Books, 1991, p. 390.
2	Christopher J. H. Wright, The Mission of God: Unlocking the Bible's Grand Narrative, (Downers Grove: IVP Academic, 2006), p. 63.
3	Christopher J. H. Wright, The Mission of God: Unlocking the Bible's GrandNarrative (Downers Grove: IVP Academic, 2006), p.62.
4	Schnabel, Eckhard J., Paul the Missionary: Realities, Strategies and Methods, (IVPAcademic, 2008), pp. 60–65.
5	Wright, Christopher J. H., The Mission of God: Unlocking the Bible's Grand
6	Narrative, (IVP Academic, 2006), pp. 156–159.
7	Tennent, Timothy C., Invitation to World Missions: A Trinitarian Missiology for the Twenty-first Century, (Kregel, 2010), pp. 87–93.
8	Roland Allen, Missionary Methods: St Paul's or Ours? (London: R. Scott, 1912), pp. 23–24.
9	Christopher J. H. Wright, The Mission of God, Downers Grove: IVP Academic, 2006),p.63.
10	Roland Allen, Missionary Methods: St Paul's or Ours? (London: R. Scott, 1912), pp. 23–24.
11	Brethren in Christ, "Short-Term Missions Manual", p. 29.
12	M. D. Pettengill, The Book of Jonah: Revealing the Attributes of God (Thesis, RTS, 2017), p.19.
13	Christoph W. Stenschke, "A mission made to last: Paul as a sustainable leader according to the Book of Acts," Verbum et Ecclesia 44, no. 1 (April 6, 2023): a2717.
14	Katherine A. Meidl et al., "Effects of short-term, foreign, Catholic medical mission trips had on the religiosity of the United States-based

participants," Journal of Catholic Medical Association 109, no. 3 (May 2017): p.338.

15 Michael W. Stroope, Transcending Mission: The Eclipse of a Modern Tradition (Downers Grove: IVP Academic, 2017), pp.96-97.

제3장 단기선교의 목적과 가치 : 짧은 시간, 영원한 울림

1 David J. Bosch, Transforming Mission, (Orbis Books, 1991), pp. 390-393.
2 John Stott, The Contemporary Christian: An Urgent Plea for Double Listening, (IVP, 1992), pp. 268-270.
3 Leanne M. Dzubinski, "Sending Churches: How Missional Churches Form and Multiply," Evangelical Missions Quarterly, Vol. 56, 2020.
4 Craig Ott & Gene Wilson, Global Church Planting: Biblical Principles and Best Practices, (Baker Academic, 2011), pp. 105-110.
5 Robert J. Priest, Short-Term Missions and the Formation of Future Missionaries, in Missiology: An International Review, Vol. 39(1), 2011.
6 Robert J. Priest, Short-Term Missions and the Formation of Future Missionaries, in Missiology: An International Review, Vol. 39(1), 2011.
7 Roger S. Greenway, Go and Make Disciples, (Baker Book House, 1999), pp. 118-122.
8 Ruth Siemens, Students as Tentmakers, (Global Opportunities, 2001), p. 45.
9 David J. Bosch, Transforming Mission: Paradigm Shifts in Theology of Mission (Maryknoll: Orbis Books, 1991), pp. 390-393.
10 John Stott, The Contemporary Christian: An Urgent Plea for Double Listening (Downers Grove: IVP, 1992), pp. 268-270.
11 Paul G. Hiebert, Anthropological Insights for Missionaries (Grand Rapids: Baker Academic, 1985), pp. 186-190.

12 Timothy C. Tennent, Invitation to World Missions: A Trinitarian Missiology for the Twenty-first Century (Grand Rapids: Kregel Academic, 2010), p. 221.

13 Robert J. Priest, "Short-Term Missions and the Formation of Future Missionaries," Missiology: An International Review 39, no. 1 (2011).

14 Brian Howell, Short-Term Mission: An Ethnography of Christian Travel Narrative and Experience (Downers Grove: IVP Academic, 2012), pp. 133-140.

15 Bryant L. Myers, Walking with the Poor: Principles and Practices of Transformational Development (Maryknoll: Orbis Books, 2011), 157.

16 Craig Ott and Gene Wilson, Global Church Planting: Biblical Principles and Best Practices for Multiplication (Grand Rapids: Baker Academic, 2011), p.295.

17 David Livermore, Serving with Eyes Wide Open: Doing Short-Term Missions with Cultural Intelligence (Grand Rapids: Baker Books, 2006), p.15.

18 Hiebert, Paul G. "Critical Contextualization." International Bulletin of Missionary Research 11, no. 3 (July 1987): pp.104-112.

제4장 단기선교의 위험과 한계 : 좋은 의도만으로는 충분하지 않다

1 Dyrness, William A. Learning About Theology from the Third World (Zondervan, 1990), pp. 115-120.

2 Hiebert, Paul G. The Gospel in Human Contexts: Anthropological Explorations for Contemporary Missions (Baker Academic, 2009), pp. 145-150.

3 Livermore, David. Serving with Eyes Wide Open: Doing Short-Term Missions with Cultural Intelligence (Baker, 2006), pp. 87-95.

4   Myers, Bryant L. Walking with the Poor: Principles and Practices of Transformational Development (Orbis, 2011), p. 240.
5   Howell, Brian. Short-Term Mission: An Ethnography of Christian Travel Narrative and Experience (IVP Academic, 2012), pp. 93-97.
6   Priest, Robert J., et al. "Are Short-Term Missions Good Stewardship?" Christianity Today, June 2006.
7   Piper, John. "Arm Yourself with Promises." Desiring God (Devotional, March 2)

제5장 단기선교와 선교신학 : "복음을 품고 문화를 건너는 사람들"

1   Timothy C. Tennent, Invitation to World Missions: A Trinitarian Missiology for the Twenty-First Century (Kregel Academic, 2010), pp. 133-144.
2   Andrew F. Walls, The Missionary Movement in Christian History: Studies in the Transmission of Faith (Orbis Books, 1996), pp. 26-32.
3   Craig Ott & Gene Wilson, Global Church Planting (Baker Academic, 2011), pp. 148-152.
4   Escobar, Samuel. The New Global Mission: The Gospel from Every where to Everyone (IVP Academic, 2003), pp. 89-94.
5   Bosch, David J. Transforming Mission: Paradigm Shifts in Theology of Mission (Orbis Books, 1991), pp. 373-385.
6   John Mbiti, African Religions and Philosophy (Heinemann, 1990), pp. 254-256.

제6장 문화이해와 인류학적 접근 : 하나님의 복음이 문화의 옷을 입을 때

1   Paul G.Heibert, Anthropological Insights for missionaries(Baker Academic,1985),pp.30-42.

2 Paul G. Hiebert, Anthropological Reflections on Missiological Issues (Grand Rapids: Baker Academic, 1994), 75-92.
3 Paul G. Hiebert, Transforming Worldviews: An Anthropological Understanding of How People Change (Grand Rapids: Baker Academic, 2008), pp.277-280.
4 Paul G. Hiebert, Anthropological Reflections on Missiological Issues (Grand Rapids: Baker Academic, 1994), pp.75-92.
5 David J. Bosch, Transforming Mission: Paradigm Shifts in Theology of Mission (Maryknoll, NY: Orbis Books, 1991), pp.483-489.
6 Howell, B. M. (2009). Mission. to nowhere: Putting short-term missions into context. International Bulletin of Missionary Research, 33(4), 206-211.
7 Lamin Sanneh, Translating the Message: The Missionary Impact on Culture, 2nd ed. (Maryknoll, NY: Orbis Books, 2009), p.51.
8 Hiebert, Paul G. "Culture Shock: Starting Over," in Perspectives on the World Christian Movement: A Reader, 4th ed., ed. Ralph D. Winter & Steven C. Hawthorne (Pasadena, CA: William Carey Library, 2009), p.452.
9 Hiebert, Paul G. Anthropological Insights for Missionaries. Pasadena, CA: William Carey Library, 1985, p.93.
10 폴 G. 히버트(Paul G. Hiebert), 『문화 속의 선교(Anthropological Insights for Missionaries)』, 총신대학출판부, 1987, pp. 112-113.

제7장 다양성의 가치와 선교 공동체 : 문화적 다양성과 팀워크의 영적 통합

1 David J. Bosch, Transforming Mission, Orbis Books, 1991, pp. 380-392.
2 Sherwood G. Lingenfelter & Marvin K. Mayers, Ministering Cross-Culturally, Baker Academic, 2003, pp. 25-40.

3   Paul G. Hiebert, Anthropological Insights for Missionaries, Baker Books, 1994, pp. 95-112.
4   Paul G. Hiebert, "Critical Contextualization", International Journal of Frontier Missions, 1994.

제8장   단기선교 기획 : 보내는 교회의 실천적 제자도
1   Wright, Christopher J.H., The Mission of God, IVP Academic, 2006, pp. 312-329.
2   Bosch, David J., Transforming Mission, Orbis Books, 2011, pp. 370-386.
3   Lingenfelter, Sherwood G. & Mayers, Marvin K., Ministering Cross-Culturally, Baker Academic, 2003, pp. 23-40.
4   김창환, 『신약의 선교신학』, 장로회신학대학교출판부, 2018, pp. 149-168.

제9장   효과적인 단기선교 준비와 훈련 : 거룩한 발걸음을 위한 내적 훈련과 팀워크
1   Douglas McConnell, Theology of Mission: A Believer's Guide to the Missio Dei (Baker Academic, 2018), pp. 177-180.
2   David Livermore, Serving with Eyes Wide Open: Doing Short-Term Missions with Cultural Intelligence (Baker Books, 2006), pp. 71-88.
3   Bruce L. Bauer, "Team Building and Mission," Journal of Adventist Mission Studies 3, no. 1 (2007): 49-56.
4   Paul Borthwick, Western Christians in Global Mission: What's the Role of the North American Church? (IVP Books, 2012), pp. 92-95.
5   Charles Van Engen, God's Missionary People: Rethinking the Purpose of the Local Church (Baker, 1991), pp. 113-118.

제10장   단기선교 이후의 삶 : 돌아 왔는가, 아니면 보내심을 받은 것인가?
1   Bryant L. Myers, Walking with the Poor (Orbis Books, 2011), pp. 223-

226.

2 Paul Borthwick, Six Dangerous Questions to Transform Your View of the World (IVP Books, 2004), pp. 37-42.
3 Ralph D. Winter, "The Two Structures of God's Redemptive Mission," Missiology 2, no. 1 (1974): 121-139.
4 David J. Bosch, Transforming Mission (Orbis Books, 1991), pp. 375-378.
5 Christopher J. H. Wright, The Mission of God's People (Zondervan, 2010), pp. 312-319.

제11장 단기선교 이후의 디브리핑과 장기파송 전략 : 선교의 완성이 아닌 시작을 위한 연결

1 David J. Bosch, 『Transforming Mission』, Orbis Books, 2011, pp. 15-30.
2 Bryant L. Myers, 『Walking with the Poor』, Orbis Books, 2011, pp. 272-278.

제12장 효율적 단기선교의 실제와 원칙

1 Kevin M. Dyer, Discovering Missions (Moody Publishers, 2005), pp. 132-134.
2 Paul Borthwick, Great Commission, Great Compassion: Following Jesus and Loving the World (IVP Books, 2015), pp. 97-99.
3 Eims, LeRoy. Be the Leader You Were Meant to Be: Lessons on Leadership from the Bible. Colorado Springs: David C Cook, 2012, introduction (on servant-leadership approach).
4 Parsons, Greg. "Why Stay Here? Mobilizing the Home Front." Mission Frontiers, January-February 1995.
5 Ott, Craig, Steve J. Strauss, and Timothy C. Tennent. Encountering Theology of Mission: Biblical Foundations, Historical Developments,

and Contemporary Issues. Grand Rapids: Baker Academic, 2010, chap. 11, "Contextualization and Mission."

6   Priest, Robert J. As cited in Darren Carlson, "Why You Should Consider Canceling Your Short-Term Mission Trips." The Gospel Coalition, September 12, 2019.

7   Ott, Craig, Gene A. Wilson, and Rick Warren. Global Church Planting: Biblical Principles and Best Practices for Multiplication. Grand Rapids: Baker Publishing Group, 2011. 8. Priest, Robert J. Effective Engagement in Short-Term Missions: Doing It Right!. Pasadena, CA: William Carey Library, 2008, chap. on pre-field training.

8   Priest, Robert J. Effective Engagement in Short-Term Missions: Doing It Right!. Pasadena, CA: William Carey Library, 2008, chap. on pre-field training.

9   Lausanne Movement. Ministry Collaboration. Lausanne Occasional Paper. "God is uniting the church like never before…Partnership in mission is … the strategic and practical outworking of our shared submission to Jesus Christ as Lord."

10 Hiebert, Paul G. The Gospel in Human Contexts: Anthropological Explorations for Contemporary Missions. Grand Rapids: Baker Academic, 2009.p.57.

11 owell, Brian. "Researching the Short-Term Mission Movement." Missiology: An International Review 34, no. 4 (October 2006): pp. 431-55.

12 Anderson, Lisa M. and Kevin J. Lee. "Evaluating Effectiveness of Cross-Culture Mission Strategies in the …" (2024), p. 42.

13 Villeage Baptist church story.

14 Ott, Craig, Gene Wilson, and Stephen J. Strauss. Global Church

	Planting: Biblical Principles and Best Practices for Multiplication. Grand Rapids: Baker Academic, 2011.
15	Hiebert, Paul G. The Gospel in Human Contexts: Anthropological Explorations for Contemporary Missions. Grand Rapids: Baker Academic, 2009.
16	Lausanne Movement. The Transformative Power of Deep Listening. Global Analysis article, 2023.
17	Ott, Craig, and Gene Wilson. Global Church Planting: Biblical Principles and Best Practices for Multiplication. Grand Rapids: Baker Academic, 2011.
18	Hiebert, Paul G. The Gospel in Human Contexts: Anthropological Explorations for Contemporary Missions. Grand Rapids: Baker Academic, 2009.p.57.
19	Payne, J. D., et al. in "A Theological Framework for Short-Term Mission Teams," Effective Engagement in Short-Term Missions, ed. Robert Priest (Pasadena: William Carey Publishing, 2008), p.13.
20	Samuel Escobar, The New Global Mission: The Gospel from Everywhere to Everyone, Downers Grove: IVP Academic, 2003, pp. 85-86.
21	Henri J. M. Nouwen, Compassion: A Reflection on the Christian Life, New York: Image Books, 1983, pp. 38-39.

단기선교 매뉴얼 7.0

초판 1쇄 발행 2025년 7월 24일

지 은 이 | 송재홍
펴 낸 곳 | 도서출판 사랑마루
등   록 | 2011년 1월 17일 등록번호 _ 제2011-000013호
주   소 | 서울시 강남구 테헤란로64길 17(대치동)
전   화 | 02)3459-1051~2
팩   스 | 02)3459-1070
이 메 일 | eholynet@gmail.com

ISBN 979-11-90459-48-8 03230

디 자 인 | 비온디

- 이 책은 신저작권법에 의하여 국내에서 보호를 받는 저작물입니다. 출판사의 협의 없는 무단 전재와 무단 복제를 엄격히 금합니다.
- 책값은 뒤표지에 있습니다.
- 잘못된 책은 교환하여 드립니다.